U0725288

现代职业教育治理创新与实践

张鹏 等◎著

中国纺织出版社有限公司

图书在版编目（CIP）数据

现代职业教育治理创新与实践 / 张鹏等著. -- 北京：
中国纺织出版社有限公司，2025.3. -- ISBN 978-7
-5229-2671-1

I. G719.2

中国国家版本馆CIP数据核字第20257CG892号

责任编辑：张　宏　　责任校对：王蕙莹　　责任印制：储志伟

中国纺织出版社有限公司出版发行
地址：北京市朝阳区百子湾东里A407号楼　邮政编码：100124
销售电话：010—67004422　传真：010—87155801
http://www.c—textilep.com
中国纺织出版社天猫旗舰店
官方微博http://weibo.com/2119887771
北京虎彩文化传播有限公司印刷　各地新华书店经销
2025年3月第1版第1次印刷
开本：787×1092　1/16　印张：9
字数：140千字　定价：98.00元

本书作者

张　鹏　吉林工程技术师范学院

苏顺亭　吉林工程技术师范学院

刘　刚　吉林工程技术师范学院

王也铭　吉林工程技术师范学院

张朝群　吉林工程技术师范学院

董鹏中　吉林工程技术师范学院

前　言

随着全球经济一体化的加速发展和科技革命的不断推进，职业教育作为培养高素质技术技能人才的重要途径，其地位和作用日益凸显。《现代职业教育治理创新与实践》一书正是在这样的背景下撰写，旨在探讨和总结现代职业教育治理的新理念、新方法和新实践，以期为推动职业教育的高质量发展提供理论支持和实践指导。

本书共分为五章，第一章将为读者提供一个宏观的视角，概述职业教育治理的核心概念、价值导向以及治理目标与手段；第二章则聚焦于政府在职业教育治理中的角色和作用，探讨政府如何通过政策引导、资源配置和监管机制等途径，推动职业教育的创新性发展；第三章着重分析校企合作在职业教育治理中的关键作用，以及如何通过校企深度合作，实现教育资源与产业需求的有效对接；第四章则着眼于行业协会在职业教育治理中的参与和影响，探讨行业协会如何通过行业标准制定、职业资格认证等方式，促进职业教育与行业需求的紧密结合；第五章从制度层面出发，分析职业教育治理的制度逻辑，探讨如何通过制度创新，构建起更加高效、公正、透明的职业教育治理体系。

本书第一章由张鹏撰写，第二章由苏顺亭撰写，第三章第一、第二节及第五章第二节由刘刚撰写，第三章第三节及第四章第一节由王也铭撰写，第四章第二~第四节由张朝群撰写，第五章第一、第三节由董鹏中撰写。

本书希望通过对现代职业教育治理的深入研究，为政策制定者、教育管理者、职业教育工作者以及广大关心职业教育发展的社会各界人士提供参考和启示。

张鹏

2025 年 1 月

目　　录

第一章　现代职业教育治理概述

第一节　现代职业教育治理的核心概念

一、现代职业教育

(一)职业教育

从有职业教育这一名词开始，学界就对这一概念的界定和使用有较大争论，且抛开关于职业教育称谓的三次争论（职业教育 vs. 实业教育、职业教育 vs. 技术教育、职业教育 vs. 职业技术教育）不提，单就职业教育的内涵界定，大体可分为两类：一类是早期的"职业教育目标定向论"，强调职业教育结果的工具导向；另一类是20世纪90年代以来的"职业教育过程论"，强调对职业教育过程的关注，体现了对受教育者的人性关怀。

职业教育目标定向论主要出现在1949年到1980年，这类理论的代表人物有高奇、元三、顾明远、吕可英等人，这类概念的界定受到当时市场经济体制的影响，我国当时正处于百废待兴的阶段，急需各种门类的中高级技能人才，因而目标定向论的持有者在对职业教育进行界定时也偏重对培养人才的目的的描述。高奇在《职业技术教育概论》一书中从广义和狭义两个方面对职业教育进行定义，从狭义上，他将职业教育定义为对全体劳动者进行不同层次的专业职能教育，其教育内容是特定部门所需的基础和实用知识，最终目的是培养满足其要求的技术技能人才。顾明远、梁忠义在主编的《世界教育大系——职业教育》中对职业教育的定义也显示出了工具导向的意味，他们将职业教育界定为"为了培养职业人才，以传授某种特定职业所需的知识、技能和职业意识的教育"。

后来的职业教育过程论最早可追溯到刘春生对职业教育的界定，他在《职业技术教育概论》中提到了"职业技术教育是在普通教育的基础上……使其成为具有高尚的职业道德、严明的职业纪律、熟练的专业技能的劳动者"。叶立群也认为，职业教育是"为适应某种职业需要而进行的专门的知识、技能和职业道德的教育，使受教育者成为社会职业所需要的应用型人

1

才"。可以发现支持过程论的学者开始关注对受教育者的个人素质和职业道德的培养，显示出对劳动者的个体关怀和人性关照。周明星在《职业教育学通论》中对职业教育的定位是"个体为影响自身职业生活能力发展及其运用而进行的一种不间断的活动"，这种活动"不再是终结教育，而是贯穿人的一生的终身教育；不再仅仅是为了谋生，而是对不同个性、兴趣、爱好的人以充实自我、愉悦人生为目的进行的一种多姿多彩的职业生活教育"。这一定义不仅体现出职业教育人本化的价值转型，关注了受教育者的个体差异和素质培养的需要，而且糅合了国际终身教育的理念，将职业教育视为贯穿人一生的持续不断的活动。

纵观以上几种界定，我们可以发现学界对职业教育概念的理解具有一定的共性：①职业教育作为历史性的存在，其概念随着时代进步和社会发展发生了或多或少的变化，不同历史时期的学者对于职业教育的认识也由于当时的社会需求而各有侧重，因此要确切地界定职业教育必须综合考虑当时的时代背景和社会生产力发展水平。②职业教育的概念既受到社会需求的影响，又受到同时期国内外各种先进思想的影响。③职业教育的概念中必然包含了其目的性（职业所需、岗位所需）和技术性（对职业所需技能的授受）的特点。

（二）职业教育的现代性

职业教育的现代性实际上是整个社会背景中展现的现代性的缩影，因而有必要对社会学意义上的现代性一词进行分析。

英国著名社会理论家和社会学家安东尼·吉登斯认为，"现代性指一种社会生活或组织模式，大约17世纪出现在欧洲，并且在后来的岁月里，不同程度地在世界范围内产生着影响"。德国作家、哲学家尤尔根·哈贝马斯认为，现代性具有四重含义：一是一种精神指向，是人类追求进步与自由，并主张以科学的手段实现这种精神指向；二是一种思维方式，是对理性思维和逻辑思维的坚信；三是一种行为准则，以真善美为价值追求；四是一种开放和包容的内涵，永不过时、永未达到。根据吴全华教授在《教育现代性的反思性论纲》中对现代性的总结，现代性不只有一个时间维度，还代表了一种价值导向和一种思维方式。时间维度的现代性涵盖了很长一段时间，一般指代从文艺复兴至今的时间段；从价值导向看，现代性意味着工具理性的扩张，意味着对科学工具的信念以及实用主义和对行动及成功的崇拜；从思维方式或是态度的角度看待现代性时，现代性又意味着重构与解构的结合、反思与批判的结合。

对于职业教育而言，现代性可以从价值导向维度和思维方式维度进行理解。从价值导向维度分析，随着科学技术的进步，社会生产步入后工业时代，信息技术长足发展，经济呈现全球化发展特点，现代职业教育作为与生产力发展关系最为密切的教育类型，其教育内容、教育手段、教育目标都将随新型的生产方式而变革，对工具理性的赞扬和对成功的崇拜将导致职业教育更加倾向实用性，倾向于对市场需求的迎合。从思维方式维度分析，职业教育的现代性昭示着职业教育的概念和内部结构发生着消解和重构。近年来各种新的教育思想层出不穷，职业教育的内外环境发生变化等，这些因素都对职业教育提出了现代化的要求，职业教育现代化的最终目标就是获得现代性，形成现代职业教育，构建现代职业教育体系。

具体而言，"现代职业教育"的现代性内涵主要体现在三方面：一是人才培养的需求导向性。现代职业教育与工业社会进程密切相关，我国工业化进程处于中期偏后期，社会产业结构深刻变化，各种产业间界限日益模糊，生产或服务过程高度分化和综合，个性化需求日益成为生产或服务的诱因。在市场决定现代职业教育资源配置的条件下，供给型职业教育很难忽视市场需求，职业教育为生产一线提供技术、技能人才，因而现代职业教育应该是需求导向的服务型教育。二是教育制度的顺畅衔接性。现代职业教育作为国民教育体系的重要组成部分，应建立职业教育、基础教育、继续教育三者融会贯通的交叉网络。三是公共福利性。现代职业教育的公共产品属性使之成为公共福利。同时，职业教育还承担了其他社会功能，例如在国家转型阶段承担教育补偿功能，为就业弱势群体提供就业机会，为劳动者提供教育和培训，提高其生活质量。

通过对职业教育的梳理，现代职业教育的基本内涵应包括四点：一是对受教育者技术、技能的培养，职业教育与普通教育最大的区别就是完成技术、技能的授受；二是职业教育对于科技水平和生产方式的依赖；三是在培养人才的过程中实现对市场需求和公共需求的回应；四是职业教育的育人本质，强调以人为本，既注意到了对个体个性化发展需求的满足，在终身教育的影响下，又注重对个体持续发展需求的满足。综上所述，本书将现代职业教育界定为：以服务发展为宗旨，适应现代生产方式以及社会公共服务需要，旨在培养技术技能型人才，并促进个体可持续发展的一种教育类型。❶

二、现代职业教育治理

（一）治理与管理

治理的英文为 governance，起源于拉丁文和希腊语，其字面意思是控制和引导。近代对于治理的研究实际上并不多，但是 20 世纪 90 年代以来，治理作为一类单独的理论研究从政治和经济学领域开始兴起，并迅速向其他领域扩展，被赋予了新的生机。

詹姆斯·N.罗森瑙是治理理论的主要创始人之一，他在《没有政府统治的治理》和《21 世纪的治理》等文章中将治理定义为"一系列活动领域里的管理机制，它们虽未得到正式授权，却能有效发挥作用"。他认为，治理与政府统治意义并不相同，它们之间的差别意义重大，"与统治不同的是，治理指的是一种由共同的目标支持的活动，这些管理活动的主体未必是政府，也无须依靠国家的强制力量来实现"。也就是说，治理也是一种管理，但治理的主体相对广泛，既可以是政府，也可以是非政府组织。

罗茨作为治理理论的另一提出者，将治理界定为一种新型统治，治理意味着使用新的方法统治社会，他在《新治理：没有政府的治理》给治理下了六种定义：①作为最小国家的管理活动的治理，是从政府角度界定治理，谋求投入和产出的最佳比。②作为公司管理的治理，是从企业角度进行界定，侧重对企业进行控制监督的组织体制。③作为新公共管理的治理，也是从政府角度的界定，但是治理的范围主要在公共领域，侧重对市场竞争机制的引入。④作为善治的治理，强调效率、法治、责任的公共服务体系。⑤作为社会控制体系的治理，是从治理的多方合作角度出发，强调政府与民间合作，公共部门与私人部门的互动。⑥作为自组织网络的治理，强调治理主体的自治性，以信任和互利为前提，构建社会协调网络。

1995 年全球治理委员会在《我们的全球伙伴关系》的研究报告中对治理

---

❶丁惠炯.新常态视野下现代职业教育治理体系研究[M].北京：经济日报出版社，2018.

作出了如下界定：治理是个人和公共或私人机构管理共同事务的诸多方式的总和。它是使相互冲突的或不同的利益得以调和并且采取联合行动的持续过程。这既包括有权迫使人们服从的正式制度和规则，也包括各种人们同意或认为符合其利益的非正式的制度安排。它有四个特征：①治理既不是一整套规则，也不是一种活动，治理是一个渐进的过程。②治理的基础手段在于协调。③治理的主体既包括公共部门，也包括私人部门。④治理的过程是持续互动的过程，而不是制度限定的过程。

张国芳对治理的界定侧重在治理过程中的权威分布，他认为治理并不依靠政府的权威而存在，治理创造的秩序自发形成；他还强调了治理的运行机制，他认为治理的运行来自相互影响的行为者的互动。毛寿龙在《西方政府的治道变革》一书中把governance翻译成"治道"，他认为治道是"在市场经济条件下政府如何界定自己的角色，如何运用市场方法管理公共事务的道理"，治道的目的在于"建设开放而有效的公共领域"。

后来，随着治理理论的发展，学者又丰富了它的内涵，提出了政府的元治理和善治的概念。例如，我国著名学者俞可平教授认为，治理一词的基本含义是指官方的或民间的公共管理组织在一个既定的范围内运用公共权威维持秩序，满足公众的需要。治理的目的是在不同的制度关系中运用权力去引导、控制和规范公民的各种活动，以最大限度地增进公共利益。他将治理的最终目标定义为善治，并且总结了善治具有的六个要素：合法性、透明性、责任性、法治、回应性、有效性。元治理意味着"治理的治理"，元治理实际特指政府的治理，强调政府在治理过程中的导向地位，建议多种治理模式结合运用。

综合对治理概念和治理理论的梳理，治理具有如下特点。

首先，治理与传统管理存在较为明显的区别，其差异主要体现在参与管理的主体的数量、管理的格局、管理的手段、管理的价值导向等方面。在参与管理的主体数量方面，传统管理中，权力是单极的，往往只有一个主体拥有管理权限；在治理中，权力中心消解，多元主体参与治理。在管理格局方面，传统的管理中，管理者与被管理者界限分明，形成两极对立的局面，两者之间存在潜在的对抗性；而治理中，两者角色定位并不明确，每个主体既是管理者，又是被管理者，多元主体共同形成了网络化、富有张力的治理体系。在管理手段方面，传统管理中，从管理者到被管理者的渠道是单向的，实施的是垂直的、强制式的要求；而治理中，各主体间协商互动，实现了双向的甚至多向的沟通，以软性的协商共同参与治理。在价值导向方面，传统的管理主要的人性假设是"经济人""社会人"，只注意到了被管理者的低层次需要，认为人性懒惰并且自私自利；而治理中关注了人的高层次需要，认为人是值得信任的，每个人都有为公益服务的理想，又秉持契约精神，具有行动的自觉。

其次，虽然治理与管理存在不同，但是治理脱胎于管理，治理理论是管理理论的创新，治理汲取了原有管理理论的精华。在经济全球化、信息大爆炸的时代背景下，管理被赋予了新的内涵，造就了今天的治理。治理与管理一样，是一个目标趋近的过程，在这个过程中，治理将原先管理的格局打乱，从两大集团对峙（管理者与被管理者）分解为一个个参与元素，并且对管理的权威也进行了拆解，以其自组织和自治性保证其运行的合法性，治理的精神内核是以个人主义为基础的契约合作观念，实际上，在这种解构和重构中，管理实现了现代化、民主化和人本化，也就是说，治理就是民主化、人本化和现代化的管理。

这也意味着，治理作为管理的下位概念，与管理存在很多共性。比如在根本矛盾和目的方面。其一，管理是管理者和被管理者共同的社会实践，管理的特殊矛盾在于把有限的资源分配给多个不易满足的目的，强调合理配置资源以取得最大效益。治理的出现同样来自对资源合理配置的需求，传统的管理者无法有效应对多变的环境，或者无法独立调配资源的时候，治理就产生了。其二，管理的对象包括人、财、物、时间、空间和信息等。其中人是管理的核心。管理的过程在于通过一系列职能的实现（包括计划、组织、指挥、协调、控制），合理配置资源，实现管理目标。而管理目标一般涉及两个方面，一是效率，二是效益。管理要么为了提高工作效率，以最少的投入换取最大的产出，要么是为了满足社会或者生产的需求，以合理有序的方式实现利益的最大化。治理因多用在超国家层面或者次国家层面的公共事务的管理中，所以治理通常是为了实现公共利益的最大化。

最后，公共领域的治理被界定为：为实现公共利益的最大化，若干利益相关者在政府的引导下，秉持契约精神和自觉意识以互动协商的方式共同参与公共事务的管理的过程。

（二）现代职业教育治理

现代职业教育治理具有双重含义，既是治理理论在职业教育领域的应用，又是职业教育管理理念的创新和机构的改革。

根据西方经济学家保罗·萨缪尔森的理论，现代职业教育是公共品和非公共品属性混合的"准公共品"，其复杂的产品属性决定了职业教育治理的复杂性。

首先，现代职业教育治理参与主体多元，体系构成复杂。政府、公共组织、非公共组织或个人等都是现代职业教育的需求方，他们与现代职业教育都有复杂的利益关联。各主体在信息、资源、资金、能力方面各有所长，基于各自的资源占有，各主体都掌握了一定的权力。资源的分散化导致了权力的分散化。任何一个主体的作用都无法被忽略，多元主体的存在和各种资源的共同运行才造就了治理系统的长期运行。

其次，职业教育治理的客体是职业教育相关利益主体管理的共同事务，包括职业教育适应产业发展需求、产教深度融合、各层次职业教育的衔接、职业教育与普通教育的相互沟通、终身教育理念融入职业教育等。

最后，现代职业教育治理的过程是多主体合作、谋取共同利益的过程。调节这些复杂的利益关系需要改变传统的职业教育管理方式，化解各方利益冲突，寻求共同利益契合。共同利益的谋取有赖于利益相关主体对共同利益的认可。政府、企业、学校、第三方组织和个人共同构成现代职业教育的治理主体，以协同共治的方式参与治理。

综上所述，我们对现代职业教育治理的界定为：为实现公共利益的最大化，若干利益相关者在政府的引导下，运用多重治理手段，通过平等协商寻求共同利益，实现互利共赢，有效解决职业教育发展相关事务的过程。

第二节　现代职业教育治理价值导向的人本性

一、现代职业教育管理价值导向的工具理性——实然状态

论述到现代职业教育管理的价值导向就不得不再一次从"现代性"开始

探究。现代性发起于文艺启蒙，以科学和工具理性的普及为显著特点。从某种程度上说，现代性的演进过程也就是按照可度量、可通约、可计算、可预测的严格程序对自然和社会进行改造、控制和组织管理的过程。现代化的过程就是理性化的过程，相应地，现代性的获得就是合理性的获得。理性成为人们判定一切的标准和法条。

文艺复兴之后，神学和宗教学从神坛上跌落，科学技术的力量开始被崇拜，理性，尤其是工具理性得以张扬。哲学上的理性来自 logos 和 nous 两个词，柏拉图曾说："促使他克制的是理性与法律，怂恿他对悲伤让步的是纯情感本身。"在柏拉图的思想里理性既是真理，又是一种自我约束的能力，通过这种能力人们可以发现自然界的真理和规律。对于理性认识的突破来自笛卡尔，他论述了人类理性的合法性，认为人是唯一具有理性的，是思维的存在者，他将理性看作思考的能力，从根本上树立了人类理性，打击了上帝的存在。康德也沿着这条道路继续论证科学知识的合法性，提出了纯粹理性，将其规定为制定法规、自我立法和为自然立法的能力。实际上从笛卡尔以后，理性就成为人类的专利，后来经由康德将自然理性的基础"撤销"，人类成为唯一的理性拥有者，人类理性成为一切的根源，最后黑格尔将理性发挥到了极致，他说理性"是世界的灵魂，理性居住在世界中，理性构成世界内在的、固有的、深邃的本性，或者说，理性是世界的共性"，将世界也变成人类理性的投射。

近代理性观是对人的主体性的大力支持，却将理性局限于内在思维，为后来理性的片面化埋下伏笔。随着科学技术的发展，理性中的价值和道德内涵被剥离，工具理性或认知理性被夸大，工具理性成为理性的代名词。追求效率和利益，关注外在目的性的工具理性因其有效性逐步渗透到社会生活的各个方面。

管理学领域也不例外。从泰勒的科学管理理论开始，到法约尔的一般管理理论，到韦伯的科层制度的管理，对利益和效率的追求一览无遗，对工具理性的张扬也一览无遗。这些管理理论都假设人是经济人，行为的动机只为了获取利益，因而对员工进行压迫式和集权式的管理。而后的人际管理理论、Y 理论、Z 理论虽然对人的假设有所改观，但工具理性的价值导向依然存在，管理者与被管理者的两极对抗依然存在，这些理论仍然是为了实现对被管理者的管控而存在。现代性或工具性对现代管理的影响还表现在制度的层面。现代社会秩序与传统社会秩序的区别，不仅仅在于秩序和规范的制度化，更重要的还在于制度性规范本身的形式化与程序化。现代管理以形式化的制度体系构建程序化的秩序和规范，将关注的目标集中在程序的公正性，而较少考虑结果。

现代职业教育管理的工具价值导向主要体现在两个方面。其一，职业教育育人价值和工具价值的分离，过分注重工具价值忽视育人功能。对职业性的过分定向，导致学生成为技术的"奴隶"，学生仅仅是工具性的存在。在分工完善的社会系统中，工具具有随时被替代的可能。在长期的技术更迭中，工具也有消耗和不适应的风险。因而，工具理性的价值导向就导致了现行职业教育管理存在的一大问题——人才对市场的不适应和人才自身发展的不适应。其二，职业教育管理体制的集权性。科层制的结构过分注重形式上的制度建设，纵向等级严明的分层体系和横向职能分割的块状结构只关注了程序，以投入衡量教育效果和质量。繁文缛节的束缚既造成政府管理效率的低下，又导致对社会职能的侵占，管理过分行政化和管理过于制度化的直接后果就是造成政府无力管、企业不想管、行业无权管的局面。

二、现代职业教育治理价值导向的人本性——应然状态

在任何管理活动中，人都居于主体地位。对人的管理是管理活动的中心。现代职业教育治理也是如此，作为隐含的价值导向，在治理过程中体现出来的应是以人为本的特点。以人为本既是管理的题中应有之义，也是职业教育的内在要求。

人本主义兴起于20世纪60年代，马斯洛、罗杰斯是其代表人物。人本主义自出现后立刻成为一种思潮，成为心理学中的第三势力，并且广泛渗透到其他各个学科。同时，人本主义以其普遍价值的适用性在社会中得到了广泛认可。人本主义强调人的主体性和自觉意识，尊重个体自身的权利和尊严，坚信人具有对自我完善的追求、对真善美的追求和对更高层次需求的追求。马斯洛提出了需求层次理论，将人的需求从低到高分为五个层次，分别为生理的需求、安全的需求、归属与爱的需求、尊重的需求以及自我实现的需求，他认为人不只有基本的生活诉求，还存在追求自我完善的诉求，他将

自我实现作为人生的最高境界。自我实现的人能准确、全面地洞察现实，完全接纳自己，具有自主性与独立性，心态开放，关心他人，有强烈的道德感并且值得信赖。人本主义崇尚个人本位，尊重个体差异，倡导个人的多元化发展。以人为本，通过对自主性和主体性的维护，反击工具理性的普遍性压制。

职业教育治理中的人本性表现在两个方面：一是对学生人性的关照和对全面可持续发展的需求的满足，并由此进行制度体制的衔接和课程设置的丰富。二是职业教育治理的多元框架的组成，实际是构建民主、平等和自由的氛围，并由此体现出对个体独立自主性和主观能动性的尊重。

（一）治理的人性化转向

从弹性互动的治理网络和多元参与的协商方式来看，现代职业教育治理对政府的职能要求不单单是表面那样，需要政府致力于提供服务，当然也并非让政府掌舵或者是划桨，而是对信任和包容氛围的提供。具体来说，职业教育治理的价值隐喻是对各主体的信任，信任各主体具有独立自主的意志，信任各主体自我组织和自治的能力，认为各主体能够有效地参与互动，能够秉持契约精神，进行自主行为。动态平衡的利益博弈过程实际上是对个体公民意识、自我追求的鼓励。在治理中，领导权不仅被下放和分散，而且被赋予了新的内涵。

詹姆斯·伯恩斯在《领袖》一书中提出了"转化型领导"的概念，与传统的交易型领导不同，转化型领导是基于价值观的，领导不是目的，最终目的是促成对共同目标的相互支持。权力的内涵并非一个固定的存在，而是包含着领导者和追随者之间的一种关系，并且在这种关系中，存在着目的这一核心价值——权力行使的主客体双方都追求自己想要的东西。多数情况下，权力的客体对于权力的行使具有灵活的回应空间，所以权力的行使需要综合考量双方对于这种情况的看待，尽管权力的行使者可以利用他们的资源和动机，但是这些都必定与权利行使客体的资源和动机相关联。转化型的领导是领导者和追随者通过相互提升到更好的道德和动机层次而彼此接洽的时候出现的，尽管开始领导者与被领导者是出于对自身利益的追求而聚在一起，但是随着这种关系的发展，他们的利益会融合为对对方目标的支持。

治理中，管理者与被管理者的界限不再清晰，治理的格局也从两极对抗转向多极合作，假如将每个主体人格化，我们就能发现职业教育治理的人性假设也发生了变化。之前的各种管理理论大都是以性恶论为基调的，所以在管理中，为谋求利益，实现最大的投入产出比，要对被管理者施加压力，或是"胡萝卜加大棒"，或是满足其人际交往需求等。纵然后期对于人性的分析逐步深入，看到了文化、交往对个体积极性的促进作用，但实际上这些分析不是目的，而是实现更好管理的手段，并未导致管理权力中心的消解。但是如今，在多元治理过程中，对多主体的包容和信赖，显示了政府以人为本的治理态度的形成。在弹性框架中，相信各主体自我治理的能力，并给予各主体自我治理的空间，各主体也以契约精神为约束，自觉自主地进行自我治理，由此形成了良性发展，最终促进了自治现象和自觉行为的持续循环。

职业教育治理人本性的另一个表现在于政府对每个公民或者每个组织的公共服务的精神和理想的发掘，个体行为不再只是低级需求的驱动，个体有更高的价值追求，那就是作为一个公民，积极参与公共服务的需求。每个个体都是有责任心、献身精神和公民意识的个体，他们的动机不是薪水和保障的问题，而是积极参与的需要和诉求。因此，分享领导权的概念对于为公民提供机会、满足公共服务的动机具有重要意义。分享的领导权必然带来互相的尊重和彼此的支持和适应，特别是通过大家共同行使领导权，可以改变参与者，并把他们的关注焦点转移到更高层次的价值观念上。在这个过程中，公共服务的需求得以满足。和谐的治理关系中展现出的民主、平等和自由，充分说明了对人的主体性的尊重和理解。

（二）育人功能的回归

职业教育治理的人本性还表现在对教书育人功能的回归。职业学校与企业工厂不同，职业教育具有育人的职能，治理面对的是人，学生和老师是有意识的个体，具有主观能动性。学生主体不仅有各种低层次的需要，还有自尊、归属感、成就感以及自我实现的需要。学生的主动性对于教育和管理过程有重要的影响。职业教育治理中对于资金和物质资源的配置也与教师和学生的工作学习息息相关。职业教育治理过程中的以人为本，应是建立在对教育目的充分认识的基础上，充分尊重个体的意志自由和发展需要，以培养人、发展人为职业教育治理的终极目标，坚决反对技术奴役劳动者的局面。职业教育对技术、技能的授受在于使受教育者有更好的生活机会，而不是将人作为活动的机械。在社会本位和个人本位的选择中，现代职业教育应立足于个人本位，既承担公共福利性的社会职能，又以促进个体自我完善发展为追求。职业教育治理就是在学生、教师以及其他利益相关者自觉参与的基础上更好地达成职业教育的育人目的，实现教师和学生的自主管理。职业教育治理的育人功能表现为两个方面。

一是终身可持续性技能的获得。促进个体的全面发展和长期进步，有利于个体自我实现需求的满足。现代职业教育治理体系的构建及其践行的现代化，均依赖于参与现代职业教育的人的现代化。职业教育各利益主体应该充分认识到职业教育治理本身的复杂性，而现代化进程中不断进化的岗位职能也对劳动者的技能要求不断更新，进一步增加了职业教育治理的复杂性。职业教育治理中，通过多方的对话协调和不同利益主体的集体行动，使职业教育在培养符合现实需求的劳动者的过程中，不仅完成技艺的授受，而且帮助学习者获取多方面的发展，在教育中实现个性化的迸发和潜力的发掘。在教学中，运用显性课程和隐性课程结合的方法，将职业教育的工具价值与育人价值结合，综合培育职业中的"工匠精神"和职业道德。以动作技能的长足发展获取成功经验，提升个体抱负水平和自我效能感，最终直接促进个体对自我实现的追求。这种全面发展的职业人培养路径，其附加效益就是实现劳动力素质的综合提高，促进社会稳定和谐发展。

职业教育治理体系下培养的人应该是工具理性与价值理性共同发展的人，是关注长期发展规划的人。随着经济不断发展，产业结构调整升级，职业市场中的工作内容和职位常常发生变化，一方面是落后产业迅速淘汰，另一方面是新兴产业蓬勃发展，当我们培养出的学生可能会面临学校里教授的单纯技术性知识过时的情况，就需要学生具备自我教育、自我学习的能力，所以以人为本的职业教育不光着眼于当前，注重短时间内对学生系统的知识传授，还着眼于未来和学生的长远发展，为学生构建职业教育生涯规划，考虑当前教育内容对学生未来生活的指导作用，为实现学生的自我完善提供机会。

二是现代职业教育治理以人为本的本质属性还表现在职业教育具有的补偿功能上。职业教育的补偿功能是指针对劳动力市场中的弱势群体给予其一定的专门技术技能培训，以实现教育公平，促进社会稳定和谐发展，教育补偿功能的实现依赖于综合教育改革中的资源配置。因而，整合资源，统筹不同地区职业教育发展，是国家、地方政府、职业学校等多元主体参与的职业教育治理过程。要真正实现教育公平，落实教育补偿，关键是树立职业教育的全局地位和底层支撑地位，厘清变革中的多重治理逻辑关系，设计新的制度配置，构建全方位管理模式，将融资和增加投入定为发展基调，采用多方办学的方式，结合弱势群体的年龄和知识水平的具体特征，为其开展系统长期的职业教育，提高受教育者的技术技能水平，给予他们开始新的职业生涯的机会。例如在城镇化进程中，不少农民失去土地，获得大笔拆迁款，住上了楼房，开上了轿车，表面上过起了城里人的生活，但实际上很难融入城市，只能从事低技术型工作，他们在生活习惯、技术水平、知识水平方面都存在不足，他们成为新市民的过程就需要职业教育的帮助，以使其获得基本的谋生手段，建立新的生活模式。职业教育的介入不仅仅是对社会职能的承担，还是对受教育者未来的生活方式和价值观念的关照。❶

第三节 现代职业教育治理目标的生成性

一、现代职业教育管理目标的预成性——实然状态

预成论认为规律先于本质而存在，认为事物有恒定不变的本质，事物发展的路径是恒定的。预成论关注事物的共性，用静态、一成不变的思维考量事物发展。现代职业教育管理目标的预成性是指，当前我国职业教育管理中的一系列政策决定和目标设置都是由政府单方决定、单向推行的，目标先于行动、目标先于管理。企业不积极，行业无力无权，仅由政府、教育管理部门制定教育目标，职业学校在学校范围内执行政府决策，这种单向和反向的教育运作模式将职业教育必然地推向与市场需求不适应的境地。当前职业教育存在的诸多问题，例如生均经费不足、教学内容脱离市场需求、学生动手能力差等都是这种运作模式的滋生物。

长期以来，我国职业教育管理体制的管理格局是条块分割、以块为主的。相应地，管理模式就形成了"谁办学，谁管理"的局面，不同类型学校

隶属不同的主管部门，办学与管理同归一家。当前我国职业教育的办学主体十分混杂，既有教育部门，又有劳动部门、系统和企业，还有教育部门与其他部门联合等多种情况。同一办学主体还包括不同的办学层级，就教育部门办学而言，中等职业学校主要由区县教育部门举办，高等职业院校由省市教育部门举办。不同层级的办学也归由不同层级的办学主体管理。单从学校内部看，不同事务的管理部门也不尽相同。各主管部门对职业教育实施多头管理，教学管理、招生计划审批、学校发展规划、学校领导者的任免、人事调动等事务各自由不同部门负责，表面上各职能部门分工协作、多重管理，实际上导致了办学机制的僵化和"三不管"地带的产生。这种人为的分割造成了职业教育管理机制的统筹无力和运行不畅。

这种职能分割、多重管理的管理体制，曾发挥了重要作用，"以产定销"的劳动力再生产方式在中华人民共和国成立初期急需技术人才时为我国现代化建设解了燃眉之急。但是随着市场经济体制的确立和市场体系逐步发育完善，市场成为资源配置的决定性力量。"以服务发展为宗旨，以促进就业为导向，适应技术进步和生产方式变革以及社会公共服务的需求"成为现代职业教育的基本指导思想。职业教育发展逐步由"供给导向"转向"需求导向"的现代模式。现行的职业教育质量水平不能满足市场对劳动人才的需求，造成了有的技术型人才极度短缺，而有的毕业生找不到对口接应的岗位，毕业即面临失业。

与此同时，企业作为享受职业教育成果的"顾客"，是职业教育的直接利益相关者，拥有一定的教育资源，理应成为职业教育管理体系的参与者。《国家中长期教育改革和发展规划纲要（2010—2020年）》中也强调职业教育发展要坚持政府主导、行业指导、企业参与的办学机制，但实际上，职业教育对于企业和社会的吸引力相对较低，企业参与职业教育的热情并不高。这种情况一方面是企业的逐利性本质阻碍了其参与职业教育的积极性，企业既担心前期对职业教育的投入会因人才流失而造成投资失败，又因为劳动力市场供大于求的局面而对员工招聘存在侥幸心理；另一方面是政府对企业的不重视，相关法律法规对企业权责范围界定的不明确造成的。

相较于企业，行业协会与政府的联系更为密切，与企业联系的疏远从根

本上松解了行业协会职能的发挥。❶

二、现代职业教育治理目标的生成性——应然状态

现代职业教育治理目标的生成性是指现代职业教育治理的目标并非预设的，而是由治理体系中的动态多元主体共同参与商讨、多方论证而确定下来的。现代职业教育体系存在哪些问题？哪些地方需要治理？治理的力度和程度达到怎样的水平？这些问题都需要在政府主导建立的对话平台上进行讨论，在参考各方意见之后协商确定。相对于目标的预成而言，目标的生成意味着对发展和变动的接受。生成性思维对于随机的变化和个性的出现持以包容的态度，关注过程甚于结果，关注联系甚于实体。

如果将现代职业教育治理体系看作一个复杂系统，那么应对这个系统进行静态和动态两个角度的分析：从静态的角度分析，系统的内部秩序为各构成要素之间的组合，即参与现代职业教育治理的多元主体分析；从动态的角度分析，系统的秩序表现为各要素间的联系及表现样态，即多元主体动态平衡的利益博弈构成现代职业教育治理的常态。

（一）多元主体共同参与治理

职业教育治理中的目标生成性首先体现在治理体系构成主体的多元性。从现代治理理论看，职业教育涉及的利益主体是多元的，政府管理部门中除了教育行政部门还涉及劳动部门、人事部门、司法部门等，其他相关主体还有学校、企业、行业和整个社会，推动职业教育运行的制度体系也应该是在这些利益主体平等协商的基础上制定的。

首先，政府是参与现代职业教育治理的有限责任主体。当前总体来看，我国职业教育已经形成了政府主导、行业企业参与的办学模式。但是在实际操作层面，企业参与积极性不高，行业协会职能疲软，政府独力支撑的状况屡见不鲜。行业和企业作为职业教育产品的直接接受者，却时常感叹想参与职业教育进程却无用武之地。虽然各地在构建新型职业教育管理体系、寻求政府-行业-企业通力协作的实践中取得了一定进展，但是政府角色的一成不变使得这些努力的成效并不明显。

从经济学角度分析，职业教育因具有非完全竞争和非完全排他的特点，

---

❶孙长远.我国职业教育治理的制度逻辑[M].济南：山东大学出版社，2022.

其产品属性介于公共产品和私人产品之间，属于准公共产品。职业教育复杂的产品属性决定了政府在提供职教产品的时候，会面临跨越组织边界、跨越管理权限边界和跨越部门边界的问题。在这种情况下，政府所需要的管理能力超出了现行并不完善的法律规定的程序和范围。

治理理论认为，政府在社会中的功能不再是"划桨"，而主要集中于"掌舵"；政府不再是职业教育的直接提供者，应从政府-行业-企业结构中的"父辈"转变为"同辈"。在职业教育治理体系的构建中，政府处于多元责任主体网络框架中的核心位置，充当"元治理"的角色，成为"同辈中的长者"，扮演指导者和组织者的角色。政府在社会经济生活中的功能由服务的直接提供者，开始转变为公共活动的组织者，工作的着力点变为构建合作关系，引导发展方向。

与过去的单极化管理格局不同，政府应从权力的中心跳脱出来，进行权力的分散和下放。一方面，进行权力的下放，中央政府应将办学的权力部分放权给地方政府，构建具有地方特色和与地方经济产业相适应的职业教育格局；另一方面，地方政府应给予学校更多的自主空间，减少对学校内部工作的行政束缚，尤其是对于学校内部的人事任免机制，更应关注管理者的能力水平，以人为核心的管理体系才能激发学校办学的活力和创造力，对外部机制障碍的清除才能真正将办学的视野打开，切实提高职教的办学效率。

其次，企业是职业教育重要的利益相关者，是现代职业教育治理体系中的重要参与主体。教育和经济作为社会系统中的两个子系统，相互之间存在着依存与促进的内生关系。职业教育作为教育系统中直接为经济服务的特定类型教育，同教育与经济领域的关系是一致的。经济基础决定了职业教育的社会需求和办学条件，职业教育为社会培养所需的"一般职业"性技能人才。这种相互包含的联系导致经济运行的方式对于职业教育活动起到制约和调节的作用。随着全球化和知识经济的发展，尤其是我国社会主义市场经济体制逐渐完善，市场经济活动的资源配置决定性地影响了职业教育的资源配置。在职业教育领域资源配置中市场发挥了日益重要的作用。现代职业教育是由公共物品和私人物品构成的混合物品，其消费和利益不具备完全排他性，这一属性决定了职业教育的资源配置应由政府和市场共同负责。市场对于职业教育的资源配置主要体现在招生的层次和结构上，以市场需求和国家公共利益为导向决定人才培养的质量规格。政府应从独揽职业教育资源配置全责的桎梏中解脱出来，把属于非公共品的职业教育资源配置责任交由市场承担，充分发挥市场在职业教育资源配置中的重要作用。通过引入市场机制，以市场竞争的逐利性带动各方面的积极性，提高体制效率，拓宽职业教育经费渠道来源。

从人才培养来说，企业密切联系着教育的两端——入口和出口——企业既是职业教育的投资者，是办学主体，又是职业教育产品的消费者，是顾客。对于企业而言，必不可少的是给予企业平等进入职业教育治理体系的权利，以法律法规明确赋予企业主体地位，以优惠政策吸引企业积极参与，分流高等教育渠道，提高职业教育生源比例，改善企业用人理念，搭建现代职业教育治理的多元参与平台。只有公共部门与私人部门合作，才能使职业教育与生产劳动实现良好对接，培养出行业企业需要的、合适的、高质量的技术技能人才。

再次，学校与学生的地位也发生了变化，在传统的职业教育管理中，学校居于宏观管理体系的终端，受到政府不同部门的多方规制约束，自主权限较少，仅负责信息的接收和执行。学生更是处于无论是宏观体制还是微观体制的底层，是被管理的对象，仅仅是单向的政策法规的作用对象，毫无发声的权利。这种从上而下的单向管理，限制了学校和学生的积极性的发挥，造成了职业教育管理体制的僵化和管理权力的滥用。实际上，学校和学生在现代职业教育治理体系中应同样居于主体地位。作为受教育者，学生具有主动性和能动性，任何教育目标的设置和教学手段的运用都必须符合学生的发展规律，学生作为职业教育的受益者和购买者之一，有资格参与讨论自己接受什么样的教育，并且监督确保治理体系的合理合法运行，以保证自身的权益不受侵害。学校作为人才的培养主体，是教学规律和管理规律的直接结合场所，各项法律法规和各项协定只有在学校的实际教学中才能变为现实，学校的具体教学工作是各项约定可操作性的检验标准，也是治理成效的最终"烘焙间"。一方面，学校应汇集学生主体的诉求，为学生和家长的利益发声；另一方面，学校应增强自主意识，主动参与治理，开拓筹资渠道，建构校本特色课程，大力提高办学水平。

最后，社会或第三方力量作为非直接利益相关者，在现代职业教育治理体系中具有重要的监督调节作用。治理理论强调处于市场与政府之间的第三部门管理，强调社会力量的多元化。"社会"开始作为一个重要的主体参与教育治理，第三方力量是在政府和市场之外的、非营利性社会组织。第三方组织形式多样，具体包括志愿性机构，如各种基金会、私立协会、民间慈善组织、福利机构、志愿组织、社区互助组织等。从理论上说，它们的产生是"政府失灵"和"市场失灵"的补充，它们既可以作为政府职能的延伸，又可以作为提供公共服务的另一力量来源。它们致力于种种社会和经济问题的解决，在负责维持秩序，参加政治、经济与社会事务的管理方面发挥作用。具体到职业教育领域，第三方组织一方面可以参与办学，成为办学主体或合作办学主体，另一方面"由于产业发展对于高质量从业人员需求和企业经营中降低人力资源成本的内在驱动"，特别是行业协会，代表着本行业的最高技术标准和要求，通过实证研究和数据服务，为行业制定从业标准，为职业教育制定课程方案，参与职业教育的人才培养质量检测，成为第三种力量介入职业教育、参与现代职业教育治理的成功范例。

当前我国行业协会过度依赖政府，体制束缚严重，政府全权包办的情况导致其自身职能软弱，监督、沟通协调功能无力发挥。在今后的职业教育治理中，政府除了权力的下放还应进行权力的分散，给予行业协会更多的活动空间，加快行业协会的去行政化，切实发挥行业协会联结企业和政府的中介作用，促进行业协会的独立发展。行业协会作为最了解本行业技术前沿、运作规律和人才需求的第三方组织，其功能的完善，将大大提高职业教育人才质量规格的市场适应性。

（二）主体间动态平衡的利益博弈构成现代职业教育治理常态

职业教育治理中目标的生成性还体现在多元网络中各主体动态平衡的博弈状态中。公共政策的生成和治理目标的生成实质上是各参与主体为实现自身利益最大化而不断地进行利益博弈，以逐步深入和动态渐进的方式趋向最终的结果。

生成意味着变动，不同的场域和不同的利益标的会涉及不同的利益主体。就单一主体而言，在不同境况下，其卷入程度也不尽相同。在职业教育领域具体体现为，不同的教育层次和不同的教育情境中，参与职业教育治理的主体不尽相同。这种不同既可能是参与治理的主体数量不同，也可能是在治理过程中扮演的角色不同（在利益的获得者和利益的失去者之间变动）。政策形成中的博弈是重复发生的，各利益主体在博弈中的合作和竞争关系也是不停发生变动的。

生成还意味着联系。与传统的职业教育管理不同，现代职业教育治理的政策不再是由政府作为单一的决策者和权力中心对各主体的利益需求进行权威性分配，而是由政府提供一个公开平等的对话平台，政府组织和引导各主体表达自身利益需求，共同讨论生成各类政策和约定。权责分散的治理模式造就了多主体协同治理的政策网络的形成，在这一复杂治理系统中不同责任主体的利益偏好有时是重叠的，有时是矛盾的，但是正基于此，这些团体和组织才会在长期的非对抗性博弈中形成一种流动的、富有张力的关系状态，在动态平衡的网络体系中实现个体目标和集体目标。不固定的、弹性的互动是这个有机系统的表现形态，共识、共治、共享是这个有机系统的价值基础，政府内部的合作、政府与公民社会的合作、政府与企业的合作、政府与受教育者的合作，企业与受教育者等的广泛合作，是网络体系运行的基本路径。

多元主体混合的网络中，各主体必然会为实现各自的利益最大化而产生利益冲突，治理的过程就是在这些重叠和矛盾的诉求中寻求一种良好的"纳什均衡"。复杂的多边博弈均可以简化成多个双边博弈，在复杂的治理网络中，既存在普遍意义上的静态非合作博弈，也存在由政府制定强制契约引导下的合作博弈。从博弈论的视角看，"现实的社会博弈往往有多个均衡，也即有多个帕累托最优点，合作博弈就是基于特定目的诉求而在这多个均衡中选取特定的帕累托结果"。在单一次数的博弈中，可能会由于信息的不对称造成"囚徒困境"，个体基于理性的最优策略选择导致长远集体利益损害。增加博弈的次数和提高信息沟通的效率，增进交流，将避免非合作博弈的形成，这就需要政府在"元层次"的运作。一方面，"同辈中的长者"可以对多元主体的行动进行协调，形成有效的集体行动；另一方面，政府作为合作平台的建立者，具有将规则编辑成典的能力，以明确的制度保证合作的持续进行，这也将促进合作博弈的形成。

首先，利益驱动是构成现代职业教育治理体系的逻辑起点。在个体利益中寻求共同利益是利益主体参与治理的隐含需求。各利益主体在利益博弈中最终寻求到某一特定的平衡点，实现主体间的利益契合，从而自愿参与到职业教育的治理过程中。

其次，民主协商成为现代职业教育治理的对话方式。公开透明的民主协商机制是现代职业教育治理得以实现的基本方式。构筑互动有序的教育治理结构，一定要发挥政府的核心主体作用，即宏观协调和导向作用。在政府的引导下，构建开放和包容的对话平台是现代职业教育治理的前提和基础。政府作为"元治理"角色，一是构建合理、有效的公共教育权力分配与制衡机制；二是制定多维的社会组织培育和发展政策，为社会组织提供所需的发展资本；三是适当引入市场竞争机制，以提升教育公共服务供给的效益。

最后，权力与责任对应、利益与责任对应的双重关系构建了现代职业教育治理体系的基本格局。治理理论强调多元主体的共同参与，利益权限的重叠和对抗导致对每个参与主体权力和责任的横向划分并不明确。但纵向来看，在长期的变动中，权力与责任以及利益与责任的对应始终是恒定的，或者是权力越大责任越大，或者是利益越大责任越大。这两种对应既体现在政策的制定中也体现在政策的执行中。

在政策的制定中注重的是权利与责任的分散配置与运作，政策的制定过程是赋予各利益主体参与职业教育决策、管理、开展实施以及监督评价全过程的制度性权利，保障其在职业教育重要决策和实施过程中的话语权和参与权，使各利益主体的价值取向得以彰显。政策的执行过程根据各利益主体在政策中获得的利益大小进行责任的分配，以网络化的多中心执行路径同时进行政策的实施，避免了传统的从上而下线性式实施的弊端，各主体获得了更多的自主裁量权，从而构建出功能更为完善的自适应式的现代职业教育治理体系。

第四节　现代职业教育治理手段的双重性

一、现代职业教育管理手段的单一性——实然状态

传统的职业教育管理分为宏观管理和微观管理，宏观的职业教育管理主要指教育行政管理，涉及国家各层级政府、教育行政部门及相关行政部门或

与其他利益相关者共同管理职业教育事业的组织机构体系、职权责划分及内外部关系体系。微观的职业教育管理指学校内部的管理。无论是宏观职业教育管理还是微观职业教育管理，其权力中心都是一元的。在宏观的职业教育管理中，政府既是办学主体又是管理主体，政府是权力的唯一使用者。政府通过从上而下垂直贯彻法律法规而实现其管理目标。在微观职业教育管理中，职业学校内部的管理权也是来自政府的授权，结合本校具体情况而设立的各项规章制度同样具有法律法规的单向性和约束力，也是管理者的意志体现。所以综合而言，传统的职业教育管理手段主要是以国家强制力保障实施的法律法规，管理手段具有单一性和强制性的特点。

建国以来我国职业教育经过不断的发展建立了系统化的制度体系，大致分为三个阶段：从1949年到1979年，职业教育基本制度建立，确立了学制、管理体制和办学体制；从1979年到1999年，《中华人民共和国职业教育法》颁布，初、中、高三级职业教育体系初步确立；1999年以后，职业教育多方参与的格局初步确立，职业教育的对象范围愈发扩大，在人民生活中的地位也愈发被重视。但制度建设本身和运行过程还存在大量急需解决的深层次问题。主要表现在两个方面：一是职业教育发展法律法规基础薄弱，制度缺位明显，例如企业作为职业教育办学的重要主体，政策法规中仅方向性地号召和鼓励其参与职业教育管理，并未具体规范对其的鼓励政策，导致企业参与动力不足，大量可参与职业教育的资源无法充分利用，与之类似的还有，第三方组织发展和运行的制度环境有待优化，政府各部门存在不同利益导致各自为政，职能分割难以协调，严重阻碍职业教育管理的效率提升；二是对于职业教育跨界的体制机制尚未有过系统设计，如普通教育与职业教育融通，各层级职业教育融通，职业教育与职业培训、从业资格融通，构建多维度顺畅的人才培养路径，设计与规范职业教育国家资格框架制度和终身学习制度等。❶

二、现代职业教育治理手段的双重性——应然状态

一个成熟的治理体系必需的组成要素有四个：价值、制度、组织与机制。制度建设是衡量治理水平和决定治理现代化的关键变量，现代化治理制

---

❶李树陈.现代职业教育理论研究[M].长春：吉林人民出版社，2020.

度建设是国家治理的有效基石。优良的制度体系是现代职业教育治理体系的基本构成要素,有序推进职业教育制度机制建设是治理能力现代化的基本路径。

在硬性法律法规制定成本较高且应变性不强的情况下,职业教育治理的制度建立必须依赖刚性手段和柔性手段结合的方法,软硬兼施,以硬法作为构建治理责任框架的保障机制和原则规范,以软法作为硬法的补充,具体规范不同场景下的具体行为。

(一)硬:硬法治理订立治理框架

1.硬法治理

德国社会学家尼克拉斯·卢曼认为:"人类的一切集体生活都是由法律直接或间接地塑造的。法律就像知识一样,是社会中一个必要的和无所不在的事实。"所谓硬法,即传统法学意义中的法律法规的总称,是指由国家制定和认可的、体现统治阶级意志的、依靠国家强制力保证实施的行为规范,是法治治理依据的准则。硬法治理也就是当前的法治治理,为与后文中的软法治理区分开,故而提出硬法治理,其内涵与法治治理相同。当前我们国家倡导依法治国,构建法治化国家。所谓"法治"并非法律的总称,而是与"人治"和"礼治"相比较而言的,法治意味着依照法律行事,尤其是硬法行事,而不是"任意而治",也不是依传统习俗而治。法治与法制仅一字之差,与法制不同的是,法治并不是一套静态制度的总称,而是包括立法、执法和惩罚的全过程。法治既强调执法程序依照法律,又强调法律在面对不同场景和不同对象时的普适性,"王子犯法与庶民同罪"便是法治的鲜明写照。我国法治的具体表现为有法可依、有法必依、执法必严、违法必究。

有法可依指健全完善的职业教育法律制度,使治理过程的基本方面有参照标准。有法必依是社会主义法治的基本要求。执法必严是指在职业教育行政的过程中必须严格依法行事,确保程序合法。违法必究是指对于违反法律的情形需受到法律的惩罚和制约,不允许特权专权的存在。职业教育治理的法治化要建立和完善现行的职业教育制度体系,对于空白区域,或者可操作性不强、不清楚的区域,进行细化和深挖,做到原则性问题和基本事务问题有法可依;有法必依,在治理过程中必须依法进行,确保有限政府和多元主体参与协商的局面;违法必究,依法追究违法行为,以制度的约束力提高违法成本，限制违法行为的出现。在治理中，公权力得以分散，使得失败的风险不限于一个利益主体，而是存在于一个更大的责任框架中，所以违法必究对于特定责任主体的认定具有特别的意义。

2.依法治理的必要性

依法治理既是国家治理现代化的重要标准，又是职业教育治理的必由之路。

从人治走向法治，这是国家治理现代化题中应有之义，与传统的管理、控制相比，治理更强调对规则的遵守。多元行动者的合作管理需要有共同遵守的规则，以规范彼此的关系，明确各自的权利和义务，合作管理方可持续。法治是对基本规则和基本利益的保障。治理是基于共同利益的合作，一旦出现集体的决策失误，风险将由多责任主体共同承担，有了硬法为后盾，参与治理的各利益主体才能真正放心地参与到治理的过程。法治的治理意味着制度之治、规范之治和程序之治，无论是国家政权的执政者、管理者还是利益相关者参与国家治理，都应在法治的轨道进行，在宪法和法律的制度框架内，依照法定的规则和程序进行，实现法治代替人治。治理现代化的实质是制度现代化。一个国家的现代化过程中，包含两个最主要的方面：一方面是国家建设现代化，另一方面是社会主义国家制度现代化，即实现国家从建立制度的规范化到执行程序的规范化，在法律的准绳下，按律行事，最终谋求"良治"的实现。

法治治理也是解决职业教育管理当前问题的良药，当前我国职业教育管理中面临的诸多问题都跟与现行法律法规的不合宜密切相关，表现有二：一是过度管制，现行的制度规范过于约束其他利益相关者，对市场的职责进行了干预，压抑了第三方组织的自主性；二是制度缺位，现行的职业教育制度中不同层级之间相互分裂，中职和高职衔接不畅，不同类型之间也相互隔离，学校教育和职业培训内容重叠，职业教育和普通教育泾渭分明，这些现象的存在导致了职业教育效率不高局面的产生，使得职业教育管理中既存在资源不足，又存在资源的浪费。

3.依法治理的范围

在职业教育的网络化治理责任框架中，政府作为主导者具有编辑法典的权利和义务，法治化的治理手段是治理体系的根基，也是构成体系制度的核心和保障。作为硬性的原则性的法律保障，法治为治理奠定了底层代码，也就是说，法治为"自治规范的构建提供了最基本的理念、宗旨、原则以及核心制度框架"。在现代职业教育治理中，政府法治化管理的手段主要表现在两个基本方面：一是协商平台的建立，二是建立灵活开放的现代职业教育体系。

（1）协商平台的建立

构建高效的对话协商平台，必须运用以国家强制力为后盾的法律手段，保证各个参与主体的合法地位，重建现代教育发展中的政府责任，确立职业教育在经济社会发展和教育中的战略地位。

首先应深化国家治理中的职能转变，以法律规定的形式，将更多的权力返还给市场，让渡给学校，使提供职业教育服务的主体趋于多样化。同时对于多元主体的基本地位予以确立，赋予其活动的合法性。基本制度是现代职业教育正常运行的保障。改革开放给中国经济社会带来巨大活力，但持续发展面临严峻挑战，技术升级、生产方式变革和社会转型急需大量高素质的技术技能人才，我国经济社会发展亟待教育系统尤其是职业教育为之释放人才红利。职业教育是促进经济增长和就业的重要手段，在经济社会发展中的重要基础地位和教育工作战略重点地位日益凸显，需得到体制和机制上的确立。随着市场经济体制的确立和市场体系逐步发育完善，市场成为资源配置的决定性力量，打破了教育与经济社会需求的隔离状态，人才和劳动力市场需求驱动职业教育发展。以服务社会发展为宗旨，以拉动就业为发展导向，成为现代职业教育的基本指导思想。职业教育发展逐步由供给导向转向需求导向，职业需求是推动职业教育发展的根本动力。社会用人需求、学龄人口升学需求和成年人接受职业教育的需求，是统筹兼顾、科学制定职业教育发展政策的基本出发点。构建市场、第三方组织、政府、学校多元参与的责任框架是法治治理的基本职能之一。

（2）建立灵活开放的现代职业教育体系

现代职业教育体系由各级各类职业教育和职业培训共同构成，这是现代职业教育正常运行的结构基础。建立灵活开放的现代职业教育体系是现代职业教育治理的重要目标和内容，也是职业教育法治治理必须规定的内容之一。现代职业教育包括学校职业教育和非学校职业教育、学历教育和非学历教育、学校教育和职业培训，其现代性集中体现在学校教育系统和社会培训系统间的开放性，通过开放实现二者之间的衔接和相互融通（实质是二者的等值性）。建立灵活开放的现代职业教育体系，既是现代职业教育治理的重要目标，也是其重要内容，学校系统各层级职业教育能否纵向衔接，各类职业教育或培训能否横向沟通，普通教育和职业教育能否双向沟通，不仅有赖于系统设计，更取决于能否深化体制机制改革，统筹发挥政府和市场的作用。建立起灵活开放的现代职业教育体系，能够推动现代职业教育有效承担促进经济发展方式转变、支撑产业结构调整、惠及民生的重任。

（二）软：契约精神推动软法治理

1. 软法治理

对软法的研究首先在国际法领域兴起，诸如维也纳公约、联合国大会的决议均属于软法的范畴。实际上对软法的研究是从现象出发的，现象先于理论，作为一种社会规范，软法在社会生活中已经相当多见，软法本身的契约性质，尤为适用于公共领域的治理，甚至有学者称"公共治理主要是软法治理"，软法有必要而且应该成为与硬法并驾齐驱的另一种治理手段。

所谓软法是相对于硬法而言的，软法泛指"原则上没有法律约束力但有实际效力的行为规则"。软法的含义较为丰富，可以从与硬法的区别进行解读：①与硬法的制定方式不同，硬法只能由国家制定，而软法可以由不同的路径创制，可以由国家机关认可，也可以由社会组织和公民社会制定，也可以是个人在社会和政治生活中自然形成的。②效力来源不同，软法产生自个人和组织的自我约束和相互约束，以及舆论和利益机制，规范人们的行为，调整社会关系和社会角色，硬法主要是通过国家力量的支持以国家强制力保证实施。③来源不同，软法的来源可以是法律文件，也可以是社会组织、群体的现行惯例，村规民约。④形态不同，软法可以是静态的，也可以是动态的协商、调节、说服等。⑤适用范围不同，软法既有普遍性又兼顾具体场景的特殊性，在保证形式正义的同时最大限度地保障实质正义，而硬法更强调普遍性。

软法效力的根源在于契约精神。梅因说过，所有进步社会的运动，到此处为止，是一个"从身份到契约"的运动，契约的表面含义为共同交易，契约最早的概念内核来自罗马法，其中将契约规定为由于双方达成一致的意见而产生法律关系的约定。霍布斯曾说"所有的契约都是权利的相互转让或交换"。契约内在地包含了权利义务的转移和短期约束的含义。自由意志和个体理性是契约存在的前提假设。每一个关于契约的约定都是参与双方的自我约束,以自利和理性为基础,理性选择策略,寻求双方的互惠和个人的利益最大化。因而契约精神既包括以自由意志订立约定,又包括自我强制履行约定。契约精神是社会交往中潜在的价值导向和交往前提,也是公共秩序建立的基础。

软法治理中,各订立主体彼此信任,以平等的身份共同参与职业教育治理,秉持契约自由的精神,自由地订立行为规范,同时坚守契约守信精神,真诚地执行契约,在信任的基础上达成利益的契合,实现共同的利益愿景。软法与硬法并不可以互相替代,两者的关系在于互为两翼、相互补充。以硬法保证治理框架和基本原则的实施,以软法限定具体治理规范的商定。通过两种手段的共同运用保证职业教育治理从无序向有序运行。

2.软法治理的必要性

一方面,我国职业教育法律体制的不健全造就了软法治理的客观环境。在国家大力倡导多元主体参与职业教育的同时,各种保障性法律法规的缺失导致职业教育治理仍处在渐进式的过程中。在面对复杂主体和多变的场景时,硬性法律无法及时解决治理过程中遇到的偶然性和突发性事件,而且,硬性法律立法周期较长,导致成本过高,费时费力。而软法的制定和执行,可以通过主体间持续的协商和沟通,进行不断的调整和试验。硬法缺失而必要的约束性文件亟须确立,导致了软法参与治理的必然。

另一方面,现代职业教育治理体系由多个利益主体共同参与构成,其协商和对话机制的建立与软法的创制存在同构性。软法区别于硬性法规的最大特点就是订立路径的多元,软法法规既可以由国家机关制定,也可以产生于第三方社会组织,甚至可以来自人们的自由活动和交往。这种基于协商的契约式规则天然地富有治理的意蕴。

我国职业教育的治理体系正处在构建和探索的过程中,多元主体间存在不同的利益诉求和价值取向,主体间关系具有多样性和复杂性,政府的职能也在转变的过程中,这些复杂的、跨界的问题并没有现成的解决方案,这些不确定性将大大影响立法者的预见性,继而影响出台的硬性法规的效用性。而软法存在制定灵活、修改简便的特点,尤其适合新领域的开拓和尝试。

第二章 政府参与现代职业教育治理创新

第一节 现代职业教育治理中的政府责任

一、现代职业教育治理中政府立法责任的实现路径

（一）完善《中华人民共和国职业教育法》相应细则及配套规章

职业教育是为适应经济社会发展需要和个人就业要求，对受过一定教育的人进行职业素养特别是职业能力的培养和训练，为其提供从事某种职业所必需的技能和实践经验，并能迅速适应职业岗位需要的一种教育。相较于其他教育类型，职业教育内容庞杂，分类丰富，初等、中等和高等职业教育分别对应着不同年龄、不同层次的受众群体，教育目的、课程设置、教学方式、教师队伍建设、实训实践基地建设等与普通教育、成人教育有极大的差别，与社会经济发展有极其密切的关系，与个人社会地位和社会流动直接关联，这必然导致职业教育立法难度大、要求高，再加上我国区域经济发展不均衡，更加提高了对立法的要求。法律内容不同于一般政策条例，过于细化不利于地方实际，过于粗略会导致自由裁量空间过大，缺乏应有的权威性。因此，《中华人民共和国职业教育法》的修订要统筹规划，不断丰富完善立法内容。具体而言，应当增加受教育者、教师、职业学校、企业、政府等法律关系主体的权利与义务，并且对终身学习、产教融合、校企合作、中高职衔接、普职融通、学分互认、资格框架制度、"双师型"教师[1]队伍建设等影响现代职业教育体系建设的重要内容进行详细规定。同时，依据《中华人民共和国教育法》对职业教育教师聘任、受教育者及教师申诉、法律责任等内容进行细化，做到粗中有细。既为国务院的行政法规和各地的地方性法规及其政策制定留出变通空间，又有利于为全国职业教育设立一个统一框架。既要与上位法如《中华人民共和国教育法》《中华人民共和国劳动法》进行有

---

[1] 双师型教师（double-position teachers）是职业教育教师中的特定称呼，指既具备相应的理论教学和实践教学能力，又具有企业相关工作经历，或积极深入企业和生产服务一线进行过岗位实践，能够及时将新技术、新工艺、新规范融入教学的教师。

效衔接，又要充分协调其他同层级教育法律间的关系，尤其是与相关社会法律的关系，如《中华人民共和国未成年人保护法》《中华人民共和国就业促进法》《企业法》《中华人民共和国公司法》等，凡这些法律已经明确规定的，职业教育法就不宜过多涉及。

落实和强化相关主体法律责任。没有规定法律责任的法律，是不完整的，也是缺乏权威性和生命力的。对《中华人民共和国职业教育法》法律责任的修订，可以按主体划分，主要规定政府、行业企业、办学单位、其他组织和个人的法律责任以及追究责任的执法主体，建立完整的职业教育法律责任体系，包括三个层面——行政责任、民事责任、刑事责任。对法律责任的规定明确具体、具有较强的可操作性和威慑性，以有效地追究各个职业教育主体相应的法律责任，确保法律的权威和尊严，弥补现行法体例结构的阙如。在法律条文的表述上，既要注重对责任追究的程序，执法主体，处罚的形式、力度等的立法设计，又要注重对这三种责任的立法衔接。

完善职业教育和培训中的职业资格制度。首先，建立职业教育和培训机构资格制度。根据不同的标准，对职业教育和培训机构的资格进行分级（如高、中、初级）分类（如按行业分类）。只有符合资格要求，并依法设立的职业教育和培训机构才是合法的机构，禁止和取缔任何非法机构。其次，建立完备的职业教育和培训教师资格制度。法律应当直接而明确地规定成为职业教育和培训教师的具体条件，其中既应包括专业理论知识学习经历的证明又要有参加教育学学习经历的证明，还必须有规定年限的实际从业经验。再次，建立严格的学员完成职业教育和培训获取职业资格和有关证明的制度。必须严格职业资格和培训合格证明的考核和发放制度，对于学员接受职业教育和培训实行宽进严出。最后，逐步推行所有劳动者持证工作制度，任何劳动者要获得正式职业，要么有普通高校的毕业文凭，要么有合格的职业资格或培训合格证明。

如果说法律条令是对主体权益的保障，那么执法就是对法律条令的保障，任何一部好的法律如果没有严格的司法、执法，只能称之为"高级别的社会规范"。国内有学者认为，职业教育面临的主要问题并非无法可依，而是有法不依、执法不严、违法不究。执法是法律真正作用于社会的直接方式，职业教育法的落实离不开相关部门的严格执法。为此，应当从以下三个方面着手。

第一，建立健全监督机制。现行《中华人民共和国职业教育法》对于执法监督涉及不多，监督机制的缺失直接导致该法律的执法没有统一、明确的国家标准，应该明确监督主体、程序等。

第二，明确责任。权利主体不仅享受权利还要承担义务，自然也需要担负应有的法律责任。明确责任可以避免执法混乱，避免越权、代替执行等现象的出现，肃清执法环境，促使行为与责任相对应，建立良好的执法秩序。

第三，建立处罚制度。法律规范一般包括假定、处理、奖惩三个要素。在行为被判定违法后理应承担相应法律后果，惩戒制度缺乏会使法律没有威慑力，也就不存在违法与守法的差别。为此，需要补充罚则内容，构建罚则体系，使我国职业教育法律体系更为完整。监督、分责、惩戒三个制度相互协调，形成连贯的职业教育执法制度，有利于确保执法行为的完整性，从而维护职业教育法律的权威性与严肃性。

实践中对法律责任的规定不明确，罚则过轻和不便操作是法律难以执行的主要原因。因此在职业教育和培训立法当中，应当明确列举禁止或限制有关主体从事的行为，并且一一对应规定具体的法律责任。这些法律责任应当既包括民事责任，如停止实施侵权或违法行为（可设置禁令申请制度）、恢复原状、赔礼道歉、赔偿损失等；也应当包括行政责任，如行政处罚、行政强制执行等；还应当包括相应的刑事责任。在设置有关法律责任时，应当重视实效，体现让违法者"失大于得"的原则。例如对于违法经营的教育和培训机构，除了要规定其必须赔偿他人的损失，接受有关处罚（如罚款），还应当将其所获所有非法收益予以收缴。此外，法律责任落实的关键是要设置可操作的责任追究机制，包括进行申诉、控告以及起诉等的具体程序和举证责任的分担规则等都必须妥善规定。

（二）地方政府根据地方实际制定地方性法规

为了促进地方职业教育法规的有效施行，应努力构建内容全面、层级系统清晰的地方职业教育法律体系。职业教育立法体系应由地方职业教育法规和地方职业教育政府规章共同组成。相比地方职业教育法规的立法程序、立法时间，地方职业教育政府规章更为快捷，可以较为及时地解决地方职业教育存在的现实问题；立法程序方面，应加强职业教育立法前调查研究和科学论证工作，明确划分立法权限，规范创制程序，确保立法程序的严密性；立法技术的运用方面，应着力提高表述语言的严谨、确定性和法规结构的统一、协调性，做到整体结构逻辑完整、总体一致、条文设置合理、语言简洁规范、内容明确具体，增强地方职业教育法规、规章的实际可操作性。

从实践看，现行多数地方职业教育法规是由教育部门直接起草，经地方政府常务会议讨论后提请地方人大常委会审议。如今，由于这种起草模式可能带来的部门利益对立法的影响而使其日益受到质疑。单纯由教育部门起草地方职业法规草案的做法，从实践来看确实存在系统性、全面性不够等弊端。从地方实际出发，应增进与劳动者等各有关方面在信息和观点上的沟通，加深对有关问题的共识，减少重复工作，提高工作效率。地方职业教育法律调整的各方面利益关系，涉及教育、劳动、财政、建设等有关政府部门，职业学校和职业培训机构，职业学校和培训机构的老师、学生，企业、行业组织等诸多方面，立法时要避免"闭门造车"，注重吸取各方对发展职业教育的意见和建议，在协调各方利益的基础上，科学民主立法。

现行地方职业教育法规中，关于高等职业教育的内容比较薄弱，中高职衔接和普职渗透的内容较少，与时代的发展不相符合。在修订地方职业教育法规时，一是强调中高等职业教育的衔接和普职渗透，将支持、鼓励职业学校毕业生对口升学及高职专科毕业生经过一定的选拔程序进入高等职业院校或普通高等学校本科阶段继续学习的办法以法律形式固定下来；二是明确高等职业教育的重要地位并具体规范其形式、性质、任务、管理职责、发展途径以及与其他教育层次间的关系；三是应补充对失业人群提供特殊职业教育、促进其再就业的内容。

面向全社会"大职业教育"的发展，地方各级各类职业学校教育与企业及社会培训资源如何达到切实有效的整合和共享，成为最大的难题。目前，职业教育的公共实训中心，劳动部门和教育部门都在建设，但由于相互间条线分割、多头管理，造成资源分散，难以实现共享，很不利于"大职业教育"观的落实。要使政府的公共资源面向全社会，而不成为部门化的东西，必须有实际的举措，打破部门分割，加强建设资金的整合，实现优质资源的共享，让广大职业学校的学生和普通市民群众都能够普遍受益。因此，一是要加强政府公共资源的统筹，将地方各委、办、局的职业教育与培训资源，根据政府性资金的投入和市场化投入来整合，统一纳入"大职业教育"的格局下进行统筹和协调。特别是让进入职业教育阶段学习和培训的青年，或者接受继续教育的这部分人，能够在政府性资源中真正受益，达到面向人民、服务人人的职业教育本质功能的要求；二是充分发挥行业企业举办职业教育的积极性，制定相应法规条款引导其合理利用现有的资源，真正形成社会多元化办职业教育的格局，如企业开展员工培训，探讨如何充分依托职业学校、提高职业学校设备和师资等的利用效率。

（三）在现代职业教育治理中贯通法治的理念

法治是人类社会的需要，权利是人性的需要。权利本位是指在权利与义务的法律关系中，权利起决定性、主导性作用，它强调法治过程中以权利为导向进行法律设定与执行，是对人性重视的体现，也是法治国家的显著特征。因此在《中华人民共和国职业教育法》中应注重从相关主体的权利出发，强调对权利的保护以及侵犯权利所涉及的法律责任，而不是仅从国家的角度制定法律。作为以技术、技能为主要学习内容的教育类型，职业教育承担着为国家培养现代化建设者的重任，相关法律的修订必须且应当以权利为基本，从权利主体权利与义务的关系出发，转变工具本位思想，使法律真正成为规范秩序、保护权益、体现国民意志的管理工具，最终达到促进人全面而自由发展的目的。当前，我国正进入社会转型的阵痛时期，需要从根本上转变治理理念才能使社会更加平稳过渡。《中华人民共和国职业教育法》是职业教育最根本的规范与保障，我们需要一部真正能够为职业教育指明方向，提供正确引导的法律来为职业教育保驾护航。它的合理修订将使职业教育的变革事半功倍，尽快度过转型阶段，重新步入繁荣发展。

随着职业教育的迅速发展，职业教育的战略地位愈发突出，职业教育是国家教育事业的重要组成部分，是构建终身教育体系的重要方面，也是促进就业、转移劳动力的重要途径。职业教育的发展任务就是推进职业教育改革，建立健全适应经济社会发展需要、与各级各类教育相互贯通的职业教育制度。职业教育的指导方针就是认真贯彻党和国家的教育方针，坚持育人为本、德育优先，以科学发展观为指导，以服务经济、社会发展和人的全面发展为宗旨，培养高素质劳动者和技能型、应用型人才。

职业教育政策是国家和地方为了贯彻大力发展职业教育的方针而规定的

在全国或在一定区域内发生作用的行为准则和规范，是统一和引导职业教育从业人员意志和行为的准则。地方职业教育法规颁布实施以来，国家和各省、区、市针对职业教育发展的新问题，在办学投入、办学机制、中高职衔接等方面制定了许多政策，开拓了职业教育的新领域、新视野、新思路，为创造性地发展职业教育指明了方向。修订和完善地方职业教育法律，就必须对这些政策加以提炼，并将其升华到法律的高度，使其更具有普遍性、规范性和强制性。

以公有制为主体、多种所有制经济共同发展是我国的基本经济制度，教育作为上层建筑必须反映并服务于这种经济制度。因此，在完善和修订地方职业教育法规时，一是应该针对地方经济发展现状，充分考虑地方经济结构，对建立健全职业教育投入体制、实现多元化办学、调整职业教育所有制结构以及股份制、合作制、集团化等各种新的职业教育形式予以明确，吸引社会力量积极参与办学，充分发挥各类经济主体的作用，并制定配套政策进行扶持、资助，通过其自身盈利运转促使其良性循环，使人们能够在政府性资源中真正受益，达到面向平民、服务人人的职业教育本质功能的要求；二是充分发挥行业企业举办职业教育的积极性，制定相应法规条款引导其合理利用现有的资源，真正形成社会多元化办职业教育的格局。

职业教育的治理有法可依，违法必究。中央政府应从宏观层面出发，依法确立职业教育的重要战略地位；地方政府根据地方具体情况和实际需要，制定促进职业教育发展的地方性法律法规及各项规章制度。更好地建立健全职业教育法律法规体系，运用法律这一权威的武器，为我国职业教育的持续、快速、健康发展保驾护航。❶

二、现代职业教育治理中政府监督责任的实现路径

（一）强化职业教育监督主体的功能和地位

法国著名思想家孟德斯鸠指出："要防止滥用权力，就必须以权力约束权力。"可见，政策监督的宗旨即分权与制衡。要想发挥监督功能，首先，要强化权力机关的监督职能。目前，我国权力机关的监督职能主要体现在听取和审议工作报告、视察和检查工作情况、对工作计划提出质询等方面，而

---

❶盖馥，李哥.现代职业学校治理结构研究[M].北京：北京理工大学出版社，2023.

未对职业教育政策执行规划、过程等方面进行监督，没有建立专门的监督机构，要想强化其监督职能，必须设立独立的监督机构，并将教育类人大代表专职化。其次，要突出专门监督机构的地位，在现实中，职业教育政策执行的监督主体除了国家权力机关、司法机关等部门，主要是教育行政机关的监察机构和审计机构，而它们是隶属于同级政府的，缺乏真正独立的监督权，无法实现权力的制衡。因此，要想增强内部行政监督主体的权威性，必须将现行监督机构的双重领导体制变为垂直领导体制，提升行政监督主体的级别，使其独立于本级政府而接受同级人民代表大会领导，即专门监督机构既由同级人民代表大会负责同时又接受上级监督机构的业务指导，只有这样，才能真正发挥其独立的监察职能；另外，完善社会监督机制即外部监督机制，社会监督不同于行政监督，无法依靠行政权力或国家权力。

要督促各级政府积极地发挥其发展职业教育的主导作用，履行发展职业教育的职责。各级政府在发展职业教育的规划、现代职业教育体系建设、职业教育资源整合优化、职业教育与区域经济协调发展、职业学校现代治理体系建设、行业企业职业教育主体作用的发挥、职业学校绩效考核等方面发挥主导作用。政府要用政策、信贷、税收、项目等手段支持职业教育的多元投入、多主体办学、社会各界积极参与局面的形成；查验各级政府是否制定职业学校办学经费生均标准与生均标准的落实情况，是否形成职业教育经费三个同步增长机制；是否形成现代职业教育体系建设机制；是否形成职业教育管办评相分离的政策与机制；是否形成促进行业企业参与职业教育办学、校企融合的政策与机制等。

通过指导职业学校完善督导机构、开展教学工作自我诊断与评价、人才培养质量报告、自我评估等方式，完善内部质量保障体系，形成以自我保障为主体、外部保障为监测、内外质量保障体系相融合的人才培养质量保障体系。职业学校要通过办学基本状态数据、毕业生就业数据、区域产业发展数据相联运的分析，分析专业对产业的匹配程度、毕业生岗位胜任度、学生价值观提升程度、教学与生产过程的对接程度，形成质量诊断与评价的机制。

加强督导队伍的建设，建设一支专家型的督导队伍。依据各省市督导条例，制定本地区的职业教育督导专家遴选办法，指导各评估监测机构组建评估监测专家团队。在职业教育专家团队建设时，要注重对来自行业、企业及其他社会各界的专家的遴选，并要有一定的比例；要注重吸收有职业教育管理专长的人大代表、政协委员加入职业教育督导团队；要注重从职业教育一线选拔督导专家。加强职业教育督导专家的培训，提高督导专家的督导能力与水平，充分发挥职业教育专家的专业权威。制定职业教育督导专家工作守则，约束、监督职业教育督导专家遵照规定开展督导、评估、监测工作。制定职业教育督导专家纪律处分条例，对违反督导规定的专家进行处分问责。加强督导专家的督导培训，进一步更新专家的督导理念，使督导专家掌握新的督导工具、督导方法。组织开展职业教育督导工作研究，交流探讨开展职业教育督导的体会与经验，组织专家参加督导考核，通过考核的专家持证参与督导工作。

（二）建立健全现代职业教育政策监督制度

建立完善的政府对职业教育的监督制度是保障其办学质量的首要条件。职业教育监督与评估是我国政府实行教育行政监督的一项基本制度，是教育部对职业学校进行监督、检查、评估和指导的依据，是在普通高等教育监督与评估的基础上发展起来的。目前我国职业教育监督与评估体系还不完善，不能满足当前职业教育发展的需求，改变这种状况首先要完善职业教育监督与评估指标体系和制定科学的评估方案；其次要建立专门的监督与评估机构或是监督与评估中介机构，监督与评估中介机构可以避免政府的直接干预，有利于学校的自治以及监督与评估工作的开展，保障监督与评估的合理化和公平化。

职业教育政策执行监督法律体系既可以保障各利益主体的权力与地位、义务与职责，又可以协调监督主体与执行主体以及各监督主体之间的相互关系，形成一个监督体系网络，职业教育政策执行监督法律体系重在立法和执法两个方面。

首先，要有法可依，职业教育政策执行监督涉及多个利益主体，必须探索构建多元化的政策执行法律监督网络，例如尝试制定《教育监督法》《教育政策执行监督法》《教育行政监督法》《社会监督条例》等法律法规，明确各监督主体的权利和义务，确保其监督行为的合法性和规范性；

其次，要违法必究，在执法过程中，责任追究既包括对职业教育政策执行主体的，也包括对执行监督主体的。为了保障政策执行主体的职、权、责相一致，应逐步引入公共政策领域的责任追究制度，在严格规定其实施细则的基础上，实施"引咎辞职"和"纽伦堡"原则：引咎辞职即教育政策执行监督主体因过失给工作造成不良影响而主动辞职的一种方式；纽伦堡原则是对引咎辞职的一种补充，即使自身没有过失，遵照上级命令，对教育政策实施产生不良影响的，同样需要追究责任。

最后，应制定与完善职业教育标准，树立评估监测的标尺。政府要组织制定职业教育各项标准性文件，形成由管理标准、质量标准所组成的标准体系，构建完善的职业教育评价标准体系。要建立与完善以职业学校绩效考核标准、管理规程、专业设置办法、学籍管理办法、招生考试办法等所组成的管理标准体系；建立与完善由职业资格体系、职业学校设立标准、专业建设标准、专业人才培养标准、课程标准、专业实训教学设备配备标准、实训教学标准、职业学校教师专业标准等组成的质量标准体系，为对政府、职业学校、行业企业开展职业教育的评估监测工作确立标尺，为各项评估监测方案的开发设计提供指南。

职业教育政策执行以来，虽然各级地方以及教育主管部门对政策执行的监督体制得到了不断的加强和完善，但职业教育政策的执行过程中常常存在监督不力等问题，对政策执行过程中的偏差和扭曲行为也没有责任追究制度，惩罚力度不够，直接导致职业教育政策执行中出现各种变异、失真行为，因此，必须加强职业教育政策执行监督机制，加大责任追究和惩罚力度。具体做法如下。

首先，要建立职业教育政策执行的相关法律法规，对执行的程序和责任等方面作出明确的规定，依法处理违规事件。通过法律的威慑力，预防和制止违法行为，增强职业教育政策执行者的责任心。

其次，明确职业教育政策执行效果的评估标准。加强职业教育政策执行评估的科学研究，实现评估机制的科学化，明确评价标准、改进评价方法，对职业教育政策执行效果尽量实行定量分析，这样便于在职业教育政策执行失误时明确责任。我国职业教育政策执行出现种种偏差的重要原因就是在政策执行过程中，对政策执行效果的评估往往停留在定性阶段，缺乏量化分析。

最后，建立相关的职业教育政策执行的责任追究制度。要建立一套明确的政策执行责任制，明确职业教育主管部门的领导以及教育工作者对职业教育政策执行的结果应该承担的责任。如果由于工作失误而造成职业教育政策偏离预定方向、造成职业教育政策失真，将要受到相应的处罚，甚至会以失去工作为代价。

可以通过将职业教育政策执行情况对照明确的执行标准进行跟踪评估，对于严重违背中央政策、损害中央权威的人员机构，在追究政治行政责任的同时，还要依据情况追究其经济和法律责任。只有这样才能确保职业教育政策得到有效的执行，才能真正做到责权利三者的统一，确保职业教育政策得到真正的贯彻和落实。为了保证对职业教育政策的有效执行的监督，在建立相关的责任追究制度的同时，还有必要建立相应的独立的责任追究机构，负责对有意使职业教育政策失真和产生政策执行偏差的执行人员实施严厉的纪律和法律制裁，提高监督检查的权威性和严肃性。

（三）构建科学合理的现代职业教育监督体系

职业教育政策执行监督效果如何不仅取决于职业教育政策执行和监督主体，还取决于其评估标准和体系，教育政策监督评估是政策执行过程的重要组成部分，通过评估，既可以了解政策执行是否奏效，又可以加强对政策执行的监督，从考核的角度确保监督的操作性，而只有真正建立科学的政策评估体系才能增强职业教育政策执行的有效性。

首先，建立专职政策评估组织，目前我国的政策研究组织，也部分承担了政策评估职能，但这些组织存在官僚等级制，必然会影响其评估的客观性和公正性，而独立的、民间的专门评估组织既具有一定的专业知识，又可以广泛了解民意，可以更好地保证评估的有效性和科学性。

其次，设计合理的政策监督评估标准，现阶段，国内外对政策评估的研究比较集中，但鲜有对政策监督评估方面的研究，政策监督评估标准是政策执行监督的出发点和归宿，鉴于职业教育政策的特殊性。设计政策监督评估标准时必须关注四个方面：其一，职业教育政策执行方案是否完整、科学、合理，职业教育政策执行的难度和进度如何；其二，职业教育政策执行主体和监督主体的专业素质和能力水平如何，监督主体是否超越其权力范围；其三，职业教育政策执行监督目标是否明确，监督信息是否公开；其四，职业教育政策执行监督环境如何，民众的舆论氛围如何等。

在建立完善的职业教育监督与评估制度的基础上，政府要成立职业教育质量评价和验收的机构，这个机构由政府的代表、职业学校的代表、企业行业和社会的代表组成，它的主要任务包括：定期收集发布关于职业教育的前沿信息；评价职业教育办学质量；根据调研和收集的信息定期对职业教育进行检查和评价，对职业学校培养的学生进行定期考查，验收职业教育的成果。通过这种方式，对办学优秀的学校给予宣传和奖励，对办学不良的学校给予通报批评，同时给予咨询与指导，激励职业学校的协调发展和自我监督。

社会大众是职业教育的受益者，职业教育的质量直接关系到社会各行各业职工的综合素质及其利益的实现，并直接作用于当地经济发展，这就不仅要求政府职能部门、学校参与职业教育质量监督与评价，而且要求企业、行业和社会积极参与职业教育质量监督与评价。职业教育监督与评价工作可以充分利用信息技术，开发职业教育工作评估软件，通过政府建立门户网站进行评估信息公开，提升监督与评估的民主化程度和透明度，促进职业教育质量的提高。

推进管办评相分离，完善第三方评估监测机制。各级政府要按照《国务院关于加快发展现代职业教育的决定》要求，培育第三方职业教育评估监测机构，促进职业教育管办评相分离。政府要在开展职业教育评估监测中对社会评估机构与目前教育部门管理的评估监测机构（高等教育评估中心、教育研究院等）同等对待，认同社会评估机构在职业教育评估监测中的主体地位；对政府主导的评估监测，要采取政府采购、委托的办法，改变政府指定单位开展评估监测的方式，引入职业教育评估监测的竞争机制；制定评估监测收费办法，支持职业教育管理的社会服务工作的开展，保证第三方评估监测机构可持续地开展评估监测活动；制定对评估机构的认证管理办法，督促职业教育评估监测机构有较为完善的管理制度、必要的专家团队、科学的评估监测办法，保障第三方评估监测的质量。要组织、委托第三方教育评估监测机构对政府公布的信息、督导报告、评估报告等进行评估监测。

要针对政府、职业学校、行业企业发展职业教育的责任分别设计评估方案，形成有地域特色的学校管理、办学、校企合作等方面的评估指标体系、督导标准、监测项目。目前，要制定现代职业教育体系建设评估指标体系、校企合作评估指标体系、职业学校服务区域经济发展能力评估指标体系、职业学校学生职业素养培养指标体系、专业建设评估指标体系等，用于组织指导职业教育教学的综合与专题评估与监测。把职业学校主管部门、职业学校的评估监测结果与政府的支持政策、职业教育专项扶持项目等挂钩，使评估监测督促示范引领职业教育科学发展的能力、服务区域经济发展的能力、校企融合服务行业企业转型升级的能力不断提升。

三、现代职业教育治理中政府财政责任的实现路径

（一）完善现代职业教育宏观财政政策体制

对于当今任何一个法治国家，无论是科学、教育，还是卫生、文化等各项事务，法律都能给予最根本的保障。在我国，职业教育财政如何支持职业教育的发展，也应该从国家法律的层面，以法律所能发挥的最大效力和权威性，来维护和巩固职业教育体系的不断完善。

一般而言，职业教育与培训是高度地方化的，具有服务提供"去中心化"的特性。企业参与甚至主导职业教育，广泛开展职业培训是世界各国职业教育与培训发展的普遍趋势。随着我国职业教育与培训的进一步发展，参与举办职业教育与培训的各类社会主体不断增多，办学模式、教学方法也将多种多样，同一类型教学机构的办学质量得不到保障，教学水平参差不齐的现象也将越来越突出。为此，有必要制定共同的政策以确保职业教育与培训的质量。可借鉴其他国家和地方的经验。

一是制定有关职业教育与培训的关键能力标准，明确不同类型的职业教育与培训人才培养应达到的最基本标准和应具备的最核心能力，以此来引导、规范和衡量职业教育与培训的发展。该标准的制定应体现劳动力市场未来的发展方向，体现知识经济对劳动力素质最基本的要求，除了读、写、算、语言等基本能力，计算机运用能力、如何学习的能力、与人沟通的能力等，应是关键能力标准体系中不可缺少的部分。

二是制定共同的质量保证框架，发展统一的质量评估模式和质量评估标准，并且强制推行实施。在实施的方法上，应将定期评估与不定期评估结合起来，将全面评估与专项评估结合起来，将职业教育与培训机构自我评估与第三方评估结合起来，通过不间断的评估和反馈，改进和完善职业教育与培

训的薄弱环节，在为职业教育与培训多样化发展创造良好环境的基础上，使职业教育与培训的质量得到保证。

（二）探索现代职业教育区域财政投入机制

1.加大职业教育财政投入力度

职业教育一定的公共产品属性决定了它不能完全交由市场供给，政府对职业教育的参与是必须的也是必要的。在我国，要进一步坚持政府在职业教育学校投入中的主导地位。在对职业教育学校的投入仍主要由财政主导的前提下，充分认识到职业教育对经济的重要意义，应用型人才在就业面前的优势，调整政府对教育经费的分配比例，加大对职业教育财政的投入力度，才能为职业教育的发展注入最有力的助燃剂。

由于国情等原因导致的我国职业教育与普通教育财政投入比例不均衡，需要人们从观念上进行转变；在未来的财政投入中，国家需有意识地主导财政投入流向的改变来扭转原本倾斜的格局。综合我国中长期教育发展的目标，国家要进一步强调各级政府对教育的投入要逐年增长，同时要提高教育占GDP的比重、提高教育支出占我国财政支出的比重，每年产生的教育支出的增量要尽可能地向职业教育倾斜，尽快补齐我国在职业教育投入上的短板，缩小职业教育与普通教育间发展的差距。

在对职业教育的具体投入内容上，要持续加大直接对学生的资助与补助的投入，特别是各地生均拨款的标准，要设定在一个合宜的范围。既不能过高使各级政府无力支付，也不能过低使学生的基本需求得不到满足。对学生投入力度的加大，一方面能增强职业教育学校本身对学生的吸引力，另一方面能减轻贫困学生的入学压力，使更广泛的适龄人群能够有受教育的机会，提高我国的人口素质。

2.注重职业教育财政投入的公平性

从宏观层面看，公平与效率都是衡量我国职业教育财政质量的重要指标。有时公平甚至有着更重要的意义。

从微观层面看，在现有的职业教育财政投入的基数的基础上，对于职业教育学校而言，特别是要适度提高基本建设拨款和科研拨款在职业教育财政拨款当中的份额。职业教育优越性的发挥，需要以一定的基础设施建设为依据，特别是技能、应用能力的培养，需要大量的实验室、实训基地作为依托，而不能单纯地纸上谈兵，否则既不能突出职业教育学校的特点，也不能发挥职业教育学校的优势；科研拨款比重的增加，将会促进职业教育学校科研水平的增加，也会提升职业教育学校对行业的实际贡献率，使其向纵深发展，有利于职业教育学校向更高的层级延展，不仅仅停留在和本科平级的高等职业教育，也可向上打造职业型的研究生，使职业教育的教育体系链条更趋于完整。

而职业教育地区区域、城乡发展的不平衡，从根本上说要依靠较落后地区经济水平的提升才能得以解决。就整体职业教育财政投入的方向与范畴来说，注重职业教育财政投入的公平性，一方面要调整职业教育财政投入在各区域间的不平衡、在城乡的不平衡，对于有能力支持当地职业教育学校发展的地区，中央可以适当减少投入，而对于能力不足的地区，就需要靠中央政府投入更多更稳定的专项资金、更优惠的财税政策吸引社会资金向当地流入，尽可能地支持经济较为不发达地区的发展。开发新的模式、适当鼓励东西部地区的联动互助，鼓励各区域职业教育学校的跨区域合作。对于贫困生，更多的资助政策也必不可少。另一方面，对于不同类型学校间投入的数量与质量的差异，要从尽量统一同一层级职业教育学校的管辖层级着手，对于地方来说要酌情提升各个职业教育学校所属的政府级次。

3.丰富和改进职业教育财政投入的手段

其他国家的经验表明，行业、企业、社会团体等投资职业教育，不仅是对政府财力的有效补充，还可有效促进职业教育更加关注相关者的利益。按照2014年6月召开的全国职业教育工作会议精神，应尽快建立企业家、慈善家捐助职业教育制度，加强捐赠典型案例、社会效益的舆论宣传，营造社会捐赠职业教育的氛围。职业学校可按捐助额度给予各种纪念性回馈，如按捐赠人姓名修改校名、命名学校建筑物等，以此吸引更多的社会捐助。也可以借鉴发行体育彩票的方法，面向社会发放"职业教育"彩票，建立社会募捐机制。通过完善相关政策，鼓励社会各界通过资金、土地、装备、技术、人才等多种要素投资职业教育。通过完善财政贴息贷款等制度，支持各类办学主体通过独资、合资、合作等多种形式举办民办职业教育，不断扩大职业教育发展规模。

在财政投入的模式问题上，政府要积极探索更有效、激励性更强的对职业教育学校的投入模式。在常规的财政投入上，各级地方政府可以根据当地的实际情况、职业教育学校的发育程度和规模，设立相应的最低财政投入标准，对职业教育学校的常规投入以此为基准，结合当年的实际情况向职业教育学校投入，以维系职业教育学校的正常开支和运营。而其他额外的直接对职业教育学校的财政投入，可适当引入各种最新的市场机制，灵活选择财政投入的手段，建立起政府和职业教育学校间的新型关系，具体的财政能够额外投入的数量的多少，主要取决于职业教育学校培养学生的能力（就业率）和完成教学与科研的能力，取决于职业教育学校自身的实力，这也就促进了学校间的良性竞争，职业教育学校间水平的高低也一目了然，有利于加强对职业教育学校的进一步管理，优化公共资源的配置。而财政对学生的投入，除了传统的捐资助学等方法与政策，教育券等形式也可以根据各地实际的情况加以借鉴和推广。

（三）建成现代职业教育多元化经费筹措渠道

自古以来，社会有识之士从来不缺乏捐资助学的热情。如今在很多大学竖立着的"逸夫楼"就是最好的例证。归根结底，虽然政府对于教育产品的提供担负着最主要的责任，但是教育的发展不能仅凭政府一己之力，学校也不是哪一级政府哪一家的学校。职业教育的发展也是如此，需要社会各界的关注与支持。在现今职业教育学校经费来源不足，而政府财政供给又不能在短期内大幅度提高的背景下，社会的资助与民间资本参与职业教育学校的投入就显得尤为必要。

1986年，美国教育经济学家约翰斯通提出教育成本分担理论，认为非义务教育成本应由政府、社会（包括企业）、学校和个人及家庭共同分担。我国职业教育属于非义务教育，但溢出效应明显，具有准公共产品属性。根据"收益支付"原则，职业教育成本理应由政府、行业企业、社会和个人及家庭共同分担。根据"能力支付"原则，可以将分担主体分为主要承担者、次要承担者和适当承担者。基于我国职业教育的公益性和社会吸引力较弱的现实，政府理应成为主要承担者；企业及社会基于其收益性，理应成为次要承担者；基于职业学校具有经济实体的性质，应该成为适当承担者；尽管职业教育的接受者也属于受益者范畴，但由于个人或家庭多为弱势群体，应适度减免其分担部分。

在职业教育投资分担体系中，政府不仅是重要分担者，也是投入政策的制定者和体系运行的统筹者。教育部等六部门发布的《现代职业教育体系建设规划（2014—2020年）》提出，"通过调整优化财政支出结构、加强规划、制定标准等措施，加大各级政府对职业教育的投入"。各级政府应以此保证自身所担负的投资责任，当好政策的制定者、践行者和维护者。政府投资应主要用于加强职业教育基本设施建设、专业建设和教师队伍建设，加大重点领域和薄弱环节的投入，不断强化机制运转。各级政府应严格落实《中华人民共和国职业教育法》中有关"省、自治区、直辖市人民政府应当制定本地区职业学校学生人数平均经费标准"的要求，尽快制定相关投入标准，且随年度物价指数变化情况进行合理调整，以此增强政府"预算约束力"，切实发挥职业教育投资的主体作用。

除政府以外，企业需要职业技术人才、有对本单位既有员工进行职业培训的渴望；社会有识之士、功成名就的校友有反馈学校的热情；社会其他慈善机构有参与和帮助职业教育发展的热情。政府此时的责任就是引导这些涓涓细流能够顺利流向职业教育学校，汇聚成一股有力的精准投入职业教育学校的力量。对于这些主体捐赠职业教育学校的行为，政府应设计合理的程序、缩短行政手续办理的时间、简化审批流程，对于突出的个人、企业和社会组织的捐助行为，做出适当的奖励。而对于与学校合作来投资职业教育学校的企业，政府应鼓励其创新与学校合作的模式，极力促成有市场竞争力的企业与职业教育学校的合作，对于企业对职业教育学校的投入可以作适当的税前扣除，减轻企业的投入负担。

具体到税收优惠政策，就个人而言，现行的我国税收制度规定的可以在个人所得税税前进行抵扣的捐赠主要还是通过机构进行的捐赠，该范围未来可以进一步扩大。在符合一定流程的情况下，在相关手续能够清楚反映个人捐赠的事实的条件下，个人对职业教育学校的直接捐赠也应当得到能够在个人所得税税前进行抵扣的待遇。而对企业而言，除货币型的捐赠可以在税前进行抵扣外，对企业实物类的捐赠也应该出台更完善的税收优惠措施。捐赠的增值税应纳税的实物，在税法的处理上，对于企业而言，即便事实是捐赠却仍然视同销售来进行纳税，这样会打击企业对教育进行实物捐赠的积极性，特别是对开发和研制高新科技的相关器械、教学设备的企业而言。

四、现代职业教育治理中政府组织责任的实现路径

(一)简政放权背景下政府功能模式的转变

政府要科学地扮演好领导者与服务者的双重角色,切实加强对职业教育工作的领导,把职业教育工作纳入目标管理,作为对主要领导干部进行政绩考核的重要指标,并接受人大、政协的检查和指导。为此要理顺中央与地方政府教育管理部门的关系,确立地方政府的主导地位,明确各自的权限和责任范围。

由于发展职业教育的出发点和落脚点是为地方经济发展服务,我国地域辽阔,不同地区在自然地理条件、社会文化背景、经济发展水平等方面都存在一定差异,导致不同地区对人才的需求不一样,地方政府比中央政府更加了解当地的社会状况和企业发展的需要,更易以较低成本获取全面、详细的信息,管理成本相对较低。因此,职业教育的科学治理,应当在保证中央政府宏观调控的前提下,给予地方政府更多的管理权力,增强地方政府的自主性、灵活性、积极性,保证各地政府能够根据现实需要,因地制宜、因时制宜地采取具体的管理措施,提高效率,推动各地职业教育发展,使其真正为地方经济服务。

还要充分发挥省级地方政府政策导向作用,引导地方职业学校办出特色,达到职业教育为地方经济建设服务的目的。目前,职业教育比较发达的国家在管理体制、学制、入学要求与资格、专业设置、课程开发等方面没有强制性的"国家标准",各个地方甚至学校之间存在差异,形成了不同的特色。如英国、澳大利亚、美国、加拿大、德国等视实际情况确定学制长短,美国、加拿大各州(省)的教育体制也不完全相同,甚至各个学院根据地方经济建设的需要、社会和科技变化来制定管理计划、教学计划、课程大纲与课程内容等。我国职业教育管理体制较单一,缺少地方特色,由于地域辽阔,各地自然条件不尽相同,经济发展水平差异较大,举办职业教育应注意因地制宜。因此,必须废除阻碍职业教育发展的有关"国家标准类"规章制度如学校名称、层次、学制、入学考试与入学时间、教学内容、学生管理、新生入学与毕业注册时间等,相应地,国家应出台有关法规,充分发挥地方各级政府优势,提倡地方各级政府制定不同的职业教育政策,鼓励地方各级

政府开办各具特色的职业学校。地方政府可根据本地实际需要，确定招生计划、招生办法、专业开发与设置、收费标准、户籍管理、指导毕业生就业、生均教育事业补贴标准等，以保证教育质量、规范办学秩序和改善办学条件。各级政府要加强对职业教育发展规划、资源配置、条件保障、政策措施的统筹管理，为职业教育提供强有力的公共服务和良好的发展环境。

任何一个政府，都是一个社会政治组织的核心，是社会的最高政治代表，担负着国家行政管理的事务。公共事务并非地方政府通过政治性权威和指令性政策、权力的运作自上而下单向运行，而是一个上下互动的过程，它通过协商、良好运作、确立共同目标等方式实现。为实现这种方式的转变，地方政府在整个社会中扮演着重要角色，但不是垄断对某一公共事务的管理。

职业教育管理领域的问题，从根本上说是地方政府、职业学校和市场三方关系的问题。在市场经济体制下，政府在职业教育管理中要完善政府职能结构，减少越位，就必须在理论上深入研究和正确把握地方政府与职业学校、市场以及中介服务机构等第三部门之间的内在关系。

长期以来政府与市场之间摇摆的惯性思维模式，没有注意到第三部门和自身组织的作用，理顺这种关系，就必须转换政府角色，实现从强势政府的单边治理向地方政府、企业和职业学校共同参与的多边治理转变。政府，特别是中央政府要有选择地退出职业教育管理的某些领域，真正围绕职业学校自主办学和自律办学机制的建立和完善、围绕提供高质量的技能培训和优质教育来实施教育行政。需要明确的是，这种教育行政范围和程度的有限性并非弱化地方政府的教育职能，而是使地方政府对职业教育的行政管理更为有力和高效，不会像过去那样将自身淹没于大量琐碎而具体的微观事务之中。这既有现实合理性的一面，也是技术合理和价值合理的要求。实践证明，管理越死板、越严格，越容易越位。因而，中央政府（主要指教育部）应对职业教育招生计划、学科专业设置等减少指令性，加强指导性，将规范和自主结合起来，同时重视市场的合理调节。地方政府着重于调控、规划未来的学科布局和学科结构，并出台相应的发展政策，以积极引导职业学校的发展。正如伯顿·克拉克所说："长期生效的鼓励比短期生效的管束更加行之有效"，政府应该把重点放在制定发展规划等大的方向上。

实现从管制型政府向服务型政府转变的角色转换，真正凸显政府公共服务的职能。中央政府与地方政府为职业学校的服务，既包括制定有效的制度规划、维护公平配置教育资源的机制，如完善职业教育的法律法规；也包括建立良好的市场秩序以及为职业学校提供公平竞争的外部环境等间接服务形式，如加强对职业教育社会中介服务组织的培育、认可和监督，引导和推动社会评估和自我评估的不断完善；还包括中央政府为地方和职业学校提供国内外教育信息，为学生提供信贷优惠等直接服务形式。这种以提供服务为特征的职业教育管理体制并不排除或抵触地方政府的相关规制，但是已经不是像计划经济时代那样的指令性控制，"管"的过程、范围、手段、内容等都必须符合相关的法律规定和操作程序。

同时，在管理方式上也应采用善治理论所提出的管理双方在平等的基础上进行对话与协调的模式。概言之，政府教育行政的权威性并非就是强制性，高质量的公共服务也是政府教育行政权威性的重要来源。就职业教育治理而言，政府一方面要在法律法规、政府职责中寻求其行使教育行政的合法性和权威性，另一方面，政府要开阔视野，要在为本地区职业教育改革与发展提供制度保障、政策环境、财政支持、质量监督等高品质公共服务中积累和实现其教育行政的合法性和权威性。

（二）培养相对自由的现代职业教育市场机制

尽管匈牙利政治经济学家卡尔·波兰尼认为："从来没有存在过真正自由、自发调节的市场"，但市场机制与市场不同，构建一个相对自由、自组织的市场机制，有利于适应经济新常态和较长时期的政治经济稳定发展。

随着我国社会主义市场经济的发展，职业教育治理已不只是传统意义上的教育管理，它事关经济社会发展，面向生产服务，培养高素质劳动者和技术技能人才并促进全体劳动者可持续的职业发展，涉及全社会的公共利益。现代职业教育治理体系是由市场机制联结相关利益主体形成的系统，其运行旨在推进现代职业教育管理体制改革，充分照顾参与职业教育实施或支持保障主体的利益，遵循权责明晰的精神，采取平等协商的形式，有效发挥市场配置资源的决定性作用，促进职业教育由管理向治理转变。

政府培养相对自由的职业教育市场机制，首先应培养市场竞争主体，通过制定相关法律和政策对市场主体的权利进行界定和保护，明晰各主体的角色功能及其地位，建立统一、开放、公平的市场竞争法则，构筑互动有序的职业教育治理结构，为各主体参与职业教育的发展提供理想的市场环境；其次，引入市场竞争机制，把市场需求作为竞争导向，以往供给型的职业教育发展格局对市场需求反应迟钝，不能满足市场和社会对职业教育的需求，只有引入需求导向的市场竞争机制，才能提高职业教育的质量和职业教育治理的公平性；最后，监督市场运行，市场的运行需要监督，否则就会出现失范或混乱的现象，在职业教育办学与具体实施的各项事务中，政府应当好"裁判员"，监督职业教育信息披露的真实性与及时性，判断职业教育市场主体各项管理制度是否健全、执行是否有效，构建相对自由、有序竞争的职业教育市场体系。

21世纪衡量一个人的能力与水平的高低，已不再仅凭学历证书，而应结合体现一个人综合能力与素质的职业资格证书。政府应当牵头与行业主管部门和劳动人事部门协调，尽快建立和落实全国职业资格认证制度，设专款专人负责行业职业标准的制定、修改，对职业教育的教学计划进行认证，对行业职业技能标准执行情况定期调查，征求企业对职业教育的意见和要求，加大行业对职业教育管理的发言权，切实对提高本行业的职业教育质量负起责任，同时对国家出台的有关职业教育的政策、法规提出建设性意见。推行在统一的行业职能标准下，采用灵活的培训及考核方式，充分利用职业教育资源，建立职业学校之间、职业学校与其他类教育机构之间的学分互认制度。使职业资格证书在各行业、全社会有良好的质量信誉，形成能力导向、证书导向而不是学历导向的局面。

（三）发展第三方中介组织参与职业教育治理

随着经济新常态和公民社会的发展，我国政府应构建合理、有效的职业教育权力分配与制衡机制，制定多维的社会组织培育和发展政策，为社会组织提供所需的发展资本，适当引入市场竞争机制，以提升职业教育公共与非公共服务供给的效益。

政府应大力培育社会组织，一是培育和发展市场中介服务机构和行业协会等社会组织。在中介服务机构数量提高上，引导和鼓励发展合伙制、个人独资等多种中介服务机构形式；在质量提高上，支持中介服务机构整合、重组，通过拓展综合服务功能，提高专业化服务水平。二是政府相关部门应加强对社会组织的服务和约束。政府要鼓励中介服务机构和行业协会参与职业教育发展，对这类社会组织，简化登记手续，由政府购买教育服务。同时，应加大对他们的业务指导和监督力度，严厉查处非法服务行为，着力营造公平竞争的市场环境。

行业是联结教育与产业的桥梁和纽带。行业协会是在行业主管部门指导下形成的自治或半自治组织，代表行业利益。行业协会最了解本行业企业对人才数量和规格的要求。地市政府可以根据上级政府制定的相关规定，将行业人才需求预测、行业工种标准制定和就业信息的提供等功能放权给行业协会。

第二节　政府参与职业教育治理的职能 定位和对策

一、政府在职业教育治理中的职能定位

1.政策制定与法规建设

政府负责制定职业教育法规政策，注重职业教育市场体系建设，确保政策得到有效执行。加快修订职业教育法，地方结合实际制定/修订相关地方性法规。

2.统筹协调与宏观管理

政府在职业教育政策目标的实行过程中主要应该是"掌舵"，通过监督评估、将行政权力撤后等方式实现。强化职业教育类型特色，推进不同层次职业教育纵向贯通。

3.产教融合与校企合作

政府要统筹职业教育和人力资源开发的规模、结构和层次，将产教融合列入经济社会发展规划。协同推进产教深度融合，建设一批产教融合试点城市，打造一批引领产教融合的标杆行业。[1]

---

[1]李玮炜，肖霞，贺定修.现代职业教育创新实践研究[M].青岛：中国海洋大学出版社，2022.

4.办学条件与经费支持

政府为职业教育提供财政支持，增加经费配置，号召地方、企业行业给予资金支持，并进行监督管理。

5.教育教学评估监督

政府对职业教育的教育教学质量进行评估监督，建立职业教育质量保障体系。完善职业教育督导评估办法，加强对地方政府履行职业教育职责的督导。

6.组织领导与党的建设

加强党的全面领导，坚持把党的领导贯彻到现代职业教育体系建设改革全过程各方面。职业学校党组织要把抓好党建工作作为办学治校的基本功，落实公办职业学校党组织领导的校长负责制。

7.制度创新与国际合作

探索地方政府和社会力量支持职业教育发展投入新机制，吸引社会资本、产业资金投入。推进国际交流合作，形成有利于职业教育发展的制度环境和生态。

8.服务与保障

政府加强地方政府指导和推动区域内职业教育办学、改革及评估工作，建立健全职业教育的服务和保障体系。

政府在职业教育治理中的职能定位是多方面的，涉及政策制定、资源配置、质量监督、产教融合等多个层面，旨在通过有效的管理和服务，推动职业教育高质量发展，满足经济社会发展的需求。

二、政府在参与职业教育治理中的对策

1.统筹协调与规划

将发展职业教育纳入国民经济和社会发展规划，与促进就业创业和推动发展方式转变、产业结构调整、技术优化升级等整体部署、统筹实施。国务院建立职业教育工作协调机制，统筹协调全国职业教育工作。❶

2.产教融合与校企合作

推动职业学校与企业建立合作机制，包括招生就业、人才培养方案制

---

❶杨建基.中国职业教育发展及其治理体系研究[M].北京：中国商务出版社，2021.

定、师资队伍建设、专业规划等。

鼓励职业学校在专业设置、招生、培养、考核和使用等方面以市场为导向，服务社会经济发展。

3.提升职业教育质量

强化中职教育的基础性作用，优化中职学校布局，提升中职学校教学条件。巩固专科职业教育的主体地位，适度扩大专升本招生计划，提高专科职业教育质量。

4.完善职业教育标准体系

构建国家、省、校三级职业教育标准体系，包括专业教学标准、教师专业标准等。适时修订中职学校、专科高职院校设置标准，研制本科职业院校设置标准。

5.加强职业教育督导评估

完善职业教育督导评估办法，构建国家、省、校三级职业教育督导评估体系。建立技能抽查、实习报告抽检、毕业设计抽检等随机性检查制度。

6.提升教师队伍素质

加强师德师风建设，提升教师思想政治素质和职业道德水平。依托龙头企业和高水平高等院校建设一批国家级职业教育"双师型"教师培养培训基地。

7.促进教育公平

完善中等职业学校学生资助办法，建立符合中等职业学校多样化发展要求的成本分担机制。

8.推动职普融通

推动中等职业教育与职业本科教育的衔接培养，完善职业教育考试招生制度。

9.支持地方先行示范

支持有基础、有意愿的地方先行示范，打造样板，形成区域职业教育产教融合政策"工具箱"并推广应用。

10.加强党的领导

坚持把党的领导贯彻到现代职业教育体系建设改革全过程各方面，全面贯彻党的教育方针，坚持社会主义办学方向。

通过上述对策，政府可以更有效地参与职业教育治理，提升职业教育的质量和适应性，为经济社会发展提供有力的人才和技能支撑。

第三章　现代职业教育校企合作治理创新

第一节　职业教育校企合作治理内涵

一、职业教育校企合作治理内涵

左崇良、胡刚认为："校企合作双主体办学的治理理念表现在以下几个方面：第一，校企双主体治理是多中心治理的一种延伸和拓展，是高校和企业对国家倡导的构建现代教育治理体系的一种现实回应。校企双主体治理实际上是特定对象内部和外部的协同治理，即一种双重治理进程。第二，校企双主体办学的治理进程是国家和行业企业、职业学校等多元行为体共同推动的。第三，校企双主体治理的启动和持续运行需要权力、利益和认同的共同基础，它们在互动和互构中形成协同治理所必需的物质和观念上的条件。第四，构建一个由谁来治理、治理什么、怎么治理、治理绩效等多维度的双主体治理框架，并有利于治理绩效的评估。"

张培、南旭光认为："校企合作网络化治理的实质在于它是一种不同于单纯的官僚层级体制（政府治理机制）或纯粹的市场化体制（市场治理机制）的新型的组织治理机制，是因校企合作而使得政府、职业学校、市场组织及私人部门等参与主体在一个制度化或惯例化的框架中相互依存，并为了实现相互之间所达成的合作愿景和目标价值而协同开展的联合行动。"

二、职业教育校企合作治理问题

方向阳、钟克认为："目前的校企合作治理因教育主管部门的行政要求而导致学校方的任务型自治，以市场为导向导致企业方的项目式自治，使得校企合作的绩效不断消减。然而，校企合作本身应该是基于企业、学校共同的认知与需求，作为承担教育行政任务的学校必须考虑到企业的需求与治理要求，校企之间建立起民主合作型的关系和体制安排，以此提升治理的绩效。"

周文涛以职教集团为对象分析了校企合作治理的问题主要在于："一是

治理空间的撕裂与不均衡；二是治理主体的失责与不对等；三是治理手段的单一与不完善；四是权力向度的失衡与不匹配。"

康芸英认为，"当前职业教育校企合作治理存在两个问题，一方面，各主体合作有限。学校、政府、企业、行业协会各大主体之间出现了互相排斥的情况，缺乏凝聚力，通常以学校为大，打击各个主体之间合作的积极性，行业企业支持或参与的积极性不太高，企业仅是从形式上参与治理；从政府参与来看，政府—企业、政府—行业、政府—职业学校之间的合作关系弱化，行业协会沟通与监督的作用往往被忽视。另一方面，功能发挥有限。例如，企业主体地位的削弱，使其处于被动的地位，导致企业参与不积极，只是被动承担相应的支持，无法最大化地发挥企业应有的功能"。

贾旻从行业协会的角度分析了职业教育校企合作治理中存在的问题，指出"高度集权化的管理模式以及行业协会的官方附庸性，使得我国行业组织总体上缺乏对职业教育的关注，职业教育治理职能没有得到应有的发挥。它既不像合作治理获得了与政府同等重要的主体地位，不像协作治理建立国家资格框架与职业准入制度、采用市场化运行，也不像参与治理中行业协会具有很强的政策游说与施压能力。在中国这样一个特殊环境中，行业协会参与现代职业教育治理具有自己的特点，也面临着更多的困境，需要在历史与国际经验基础上寻找中国化解决策略"。治理困境表征为：行业协会参与职业教育决策途径较少、路径不畅通、参与程度偏低，标准管理不到位、证书管理存争议、质量管理缺位，以及技术服务不到位、信息服务不足、平台搭建尚需努力。从治理运行来看，行业协会参与治理缺乏合适的组织机构与长效机制等。那么，导致行业协会参与现代职业教育治理困境的原因何在？多重复杂原因综合作用而致，从不同利益主体视角加以分析，发现行业协会参与治理的主体意识淡薄与能力弱化；企业对于行业协会提供职业教育服务需求偏低，主动支持力度偏弱；政府的管理职能下放不充分，没有为行业协会参与职业教育治理提供充分的制度保障。❶

三、职业教育校企合作治理主体

职业教育校企合作是一项社会系统工作，仅仅依靠教育部门的力量无法

---

❶周建松.高等职业教育高质量发展研究[M].杭州：浙江大学出版社，2021.

完成，必须依靠多主体的通力合作。伴随着市场经济体制的确立，国家治理制度的重构催生了各种治理主体，职业教育校企合作涉及多元主体共同参与，如政府、学校、行业企业以及相关市场主体或其他利益相关者。多元办学主体形成战略伙伴，应依法保证多元主体在职业教育校企合作中的职责与权益。有必要协调多元主体之间的利益关系，寻求各主体间的利益均衡点，明确多元主体的权力边界，合理设计各主体的权力配置，形成多中心权力结构。多元主体各居其位、共谋发展，随着治理的持续，多元主体的积极性得到充分的调动并助推治理行动，各主体得到协调并采取合作行动。

贺修炎认为，职业教育校企合作治理的主体就是多元利益相关者，"高职院校的利益相关者包括政府、教师、管理人员、学生、家长、校友、媒体、社会公众、中介等，企业的利益相关者包括股东、管理人员、员工、顾客、分销商、供应商、贷款人、政府、行业协会等。如果将校企合作项目独立起来看的话，其利益相关者又有内、外部之分，内部利益相关者包括校方相关领导、指导教师、实习学生等以及企方的相关领导、指导师傅等，其他的则为外部利益相关者"。

对治理主体进行划分，具体如下。

第一类为确定的利益相关者。亦即确定型，同时具有合法性、影响力和紧迫性，包括政府、职业学校、企业、院长及其行政领导班子、企业的经理及其领导班子。

第二类为预期的利益相关者，具有其中两个属性，这种利益相关者可分为三种情况：①优势型，具有合法性和影响力，但无紧迫性，如教师和行政管理人员，他们希望受到决策者的关注，并往往能达到目的，甚至还能参与决策过程。②依赖型，具有合法性和紧迫性，但无影响力，如学生，为达到目的他们可能采取结盟、参与政治活动等方式来影响管理层的决策。③危险型，具有影响力和紧迫性，但无合法性，如非法中介机构。

第三类为潜在的利益相关者，只具有其中一种属性，也分为三种情况：①休眠型，目前只有影响力，但尚未被赋予充分的合法性和紧迫性，如媒体、行业协会。②酌情处理型，只有合法性，但无影响力和紧迫性，如学生家长。③强要型，只有紧迫性，但无合法性和影响力，如一些缺乏诚信的民营企业。需要注意的是，以上的分类模型是动态的，即任何个人或者群体因社会经济环境的改变而获得或失去某些属性后，就会从上述一种类型转化为另一种类型。

方向阳、钟克认为，职业教育校企合作治理的主体要以地市政府为主导，"成立由院校所在地区、行业协会（商会）、企业、学院'四方合作'的'理事会'……理事会下设专门工作委员会、系校企合作中心和区域合作工作站若干个，成立各专业（群）的专业建设委员会。建立理事会定期会商制度，每年召开两次协调会，定期通报信息，定期出台政策措施，定期解决建设资金缺口问题，着力协调解决学院办学突出问题"。

史洪波认为，"职业教育校企合作治理主体是治理体系内部的第一要素，治理主体的权责关系构成治理体系的基本结构，治理主体权责关系的内在实质是利益博弈与契合，治理主体权责关系的表现形式是角色分工与互动，治理主体权责关系的理性基础是平等交往与对话"。

南旭光、黄成节认为，职业教育校企合作是由政府、行业企业、高等院校、科研院所、中介组织、金融机构等社会主体共同参与的一个复杂的多元协同、博弈互动的过程。"随着社会经济的发展，校企合作的体系链现在已经向'官、产、学、研、中、金'不断拓展延伸，参与主体的复杂性和多元化不断增强，在协同治理过程中不仅要考虑这些主体之间的关系协调，更要从源头上考虑如何培育有价值的合作主体。协同治理是一个多元共治问题，对校企合作而言，有作为监管、引导和协调方的政府，有市场化运作的行业企业，有公益性和互助性的高等院校和科研院所，也有一些自组织机构或个人，这是一个典型的由政府、市场和社会等跨界主体构成的组织体系。"

康芸英指出，职业教育校企合作治理存在四大主体："首先是政府中心。政府作为主体主要承担政策配套、牵头组织、监督指导的工作，其作用的发挥主要体现在与学校、企业及行业协会之间的业务联系、政策制定以及资金拨付等方面。其次是学校中心。学校作为主体主要突出其专业建设以及人才培养中心的作用，学校与企业的合作主要体现在课程体系的重构、理论教学与实践教学的衔接、校企合作课程的开发、校企科研合作等方面。再次是企业中心。企业作为主体主要突出其实训条件保障以及招工就业保障两个方面，在与学校的合作过程中主要开展校企合作课程开发、学生实训条件提供以及招工就业等方面的工作。最后是行业协会中心。行业协会是政府、学校、市场以及企业间的中间组织。对于政府而言行业协会是市场的观察者，是市场的代言人，主要扮演向政府提供行业需求变化信息、社会发展形势以及政策建议的角色，为政府等行政部门教育方针的制定提供保障。对职业学校来说，行业协会能为职业学校提供行业发展、岗位需求等信息，为职业学校专业设置、课程开设、人才培养模式的制定提出更加科学、专业的意见。对企业而言，行业协会起到了信息发布、规范企业经营管理、协调校企合作等作用。"

四、职业教育校企合作治理结构

职业教育校企合作的治理，必须通过治理结构要素的合理配置和有效整合实现，这一实现基于对职业教育发展现状的分析及发展趋势的判断。在治理的主体上，强调合作的多主体，企业、第三方组织或机构可以与政府组织一样，成为校企合作中不同层面的权力中心，突破校企合作组织治理的范围，在互信、互利、互依的基础上各个主体可以持续不断地协调，实现校企合作多方资源与优势的互补。

以高职教育为例，贺修炎认为，职业教育校企合作治理结构可以分为外部结构和内部结构。

其一，外部结构。包括三个方面因素：①政府的宏观管理。政府通过制定适宜的法律法规的方式对职业教育校企合作实行必要的控制与干预。地方政府应成立地区性的由政府有关职能部门、骨干企业、行业协会和高职院校等利益相关者代表组成的校企合作协调指导委员会，负责协调重大校企合作事宜，审定重大方案，并按专业大类设立专业校企合作委员会，负责相关事务的协调。②行业协会、社会中介机构的积极参与。行业协会和社会中介机构是职业教育校企合作的次要利益相关者。地方行业协会一般也会是当地高职院校专业管理委员会的成员之一，因此，行业协会应及时为高职院校提供信息，为校企合作搭桥铺路。③媒体和社会公众的全面监督。媒体和社会公众也是职业教育校企合作的次要利益相关者。媒体和社会公众要积极宣传职业教育的办学成就，还要对高职院校的办学情况予以监督，特别是要对校企合作的情况进行监督，对校企合作做得好的学校和企业要广泛宣传，真正营造一个全社会都支持职业教育校企合作的良好氛围。

其二，内部结构。包括四个方面因素：①学校的主导。高职院校要树立利益相关者共同治理学校的理念，成立利益相关者委员会，吸收企业界和社会团体的代表加入……组建学校校企合作的工作网络。学校应成立校企合作工作领导小组，注重调动企业参与校企合作的积极性。②企业的参与。我国企业还是应当在校企合作共同利益的基础上，积极参与高职人才的培养，主动做好实习学生的接收工作，并安排指导师傅做好实习生的实践教学。③实习指导教师的投入。实习指导教师包括高职院校选派的专业指导教师和企业指派的指导师傅，他们都是职业教育校企合作的重要利益相关者。学生实习的效果如何，学生能否满意，关键在于校企双方实习指导教师的投入。④学生的配合。校企合作主要是培养人才，而培养的对象就是学生，因此，学生作为直接利益相关者应主动配合学校和企业做好实习安排工作。

余丽平将高职院校校企合作治理结构的特征归纳为四个方面。

其一，权力主体多元化。教育体制是由经济体制决定的，我国实行的是社会主义市场经济体制，一切经济活动由市场来调控，高职院校应构建多元化、社会化的办学机制。利益主体的多元是由所有制的多元引发的，所以高职院校在发展过程中不能局限于单一的办学模式。政府要根据我国的国情，根据高职院校发展的需要，引导社会各界和公民个人积极投资办学。根据责、权、利、能的相互匹配，调动社会各界办学的积极性。随着全球经济一体化的发展和社会竞争的日益加剧，高职院校在发展过程中也可以加强国际交流与合作，拓宽视野，以获得更多的办学资源与思路。

其二，决策过程公开化。在作出重大决策之前，应该广泛听取各利益群体的意见和建议，可以召集各利益主体的代表进行商议。建立以董事会为中心的高职院校治理结构，吸引行业、企业、教职工、学生、校友等共同参与高职院校治理，使高职院校的决策在诸多利益主体之间形成一种平衡。还可以召开党政联席会、校务委员会、专家/学术委员会、教职工代表大会、学生代表大会等会议，让各利益主体知情、参与，这样也就更能体现高职院校治理的民主性，安抚民心，为决策的最后执行打好坚实的群众基础。

其三，参与方式多样化。高职院校治理中应该存在着各种各样的参与渠道，各利益相关者可以通过这些渠道去参与或影响高职院校的教育政策和学校事务……让每一个利益主体都有参与的机会，以体现高职院校治理的民主性、公平性。

其四，合作共建制度化。政府和高职院校可通过制定政策和法规来规范和完善各利益相关者参与高职院校治理的职能，明确各方职责。高职院校各利益群体应按照一定的秩序和内部联系组合成一个有机整体，共同建设高职院校。目前最主要的是要明确企业、行业参与高职院校治理的机制，国家要以修订《中华人民共和国职业教育法》为契机，进一步赋予行业、企业参与高职院校治理的权利和义务。

方向阳、钟克认为，需要"重点围绕校企合作治理的落实、流程和网络等。……民主合作型治理尤其要注重治理流程的制定与落实……为保证各方联动，职责对接，形成理事会组织活动制度化，专门工作委员会、区域工作站、系校企合作中心互动经常化，整体工作一体化，理事会及合作办学组织建立职能对接运行机制和组织活动、联席会议制度。建立'三三联动'的组织体系，即构建理事会、专门工作委员会（含系校企合作中心、区域工作站）、专业建设委员会三个层面的联动关系；构建专门工作委员会、系校企合作中心、区域工作站三个层面的联动关系，形成'三三联动'的运行体系。通过层级互动、职能互动、各方联动等形式，实现学校部门、系、专业与理事会机构的无缝对接、互派互兼，形成强大合力，着力解决校企合作突出问题"。

第二节　职业教育校企合作治理机制

治理能力最终要落实到在机制下汇聚成整体力量。职业教育校企合作治理注重机制建设的系统性、整体性和协同性，职业教育校企合作治理机制建设是在实践中自觉推进的变迁进程，实现体系的适应性和稳定性，将整体运行的组织行为的依法程序规则和个体行为的道德伦理规范进行整合，其具有制度弹性的治理模式特征，并激活静态规则为制度建设持续提供动力，最大限度地发挥治理作用。

张海峰认为，从治理的角度看，校企合作各利益方是一种平等、互动、制衡的关系。与管理意义上的校企合作相比，不仅政府的职能要发生相应转变，学校的管理模式、教学体系、组织结构也要发生全面变革。同时，不仅要保障企业的利益，而且要增强企业参与校企合作的意识和能力。因此，治理意义上的校企合作必须具有以下机制。

一、法规驱动机制

"法规驱动"是对"行政驱动"的替代，是校企合作持续发展的要求。各级政府要把职业教育纳入社会经济发展规划，健全有利于校企合作的一系列政策法规和管理办法，使校企合作有法可依、有章可循；通过规定企业在校企合作中的权益、责任和义务，提高企业参与校企合作的主动性和积极性；制定、完善和严格推行劳动准入制度，全面规范和推行职业资格证书制度，企业招收员工必须经过培训才能就业（上岗）。通过这些政策法规的建设和严格执行，形成一种各方必须而且乐意参与校企合作的局面。

二、利益互惠机制

在市场经济条件下，利益互惠机制是维系校企合作运转的动力和纽带。在治理模式下，各利益方都会从自身利益出发关注校企合作的效益。因此，政府应为校企合作提供良好的政策环境、财政支持和税收减免政策；职业学校要为企业输送适销对路的技术人才，提供职工培训和技术服务，并根据企业用人需要调整实践教学计划，以便在企业最需要的时候安排学生去企业顶岗实习，解决企业人力资源紧张的燃眉之急；企业应为职业学校实践教学提供技术、设备、资金和师资。只有实现政府、学校、企业的"三满意"，校企合作才能不断深入。❶

三、激励导向机制

激励导向机制的作用在于引导校企合作进入良性循环的状态，巩固和发展校企合作的成果。激励的内容包括四个方面：一是权力激励，二是权益激励，三是荣誉激励，四是酬劳激励。通过这些激励措施，推动职业教育校企合作向纵深发展。

---

❶余闯，施星君.创新与突破：职业本科教育发展研究[M].上海：上海社会科学院出版社，2022.

四、有效制衡机制

有制衡约束才有规范，有规范才有校企合作的健康发展。在制衡机制的建设中，要注重对权力的约束和监督，包括外部监督和内部监督两种形式，外部监督主要是指政府和有关社会机构对校企双方代理人的行政监督和社会舆论监督，内部监督是指通过设置学校和企业内部监督机构、制定监督措施对代理人实施监督。企业与学校要完善相应的管理制度，强化制度约束的力度，并按照合作共赢的原则加强道德教育，强化道德约束。

五、科学评估机制

校企合作不能搞形式，要讲究实效。必须建立一套完整的评估指标体系，并通过分项分析、分类分析和综合分析对合作条件、合作效益、合作结果进行定性和定量评估。科学有效的评估既是对学校和企业的一种监督和约束，也是确保校企合作步入正常运行轨道的有效机制。

第三节　职业教育校企合作治理的模式构建

职业教育校企合作作为一种典型的社会活动，需要按照治理理念推进合作进程，这既是校企合作治理实践演进过程的必然趋势，也是治理形式和治理路径的选择，也就是治理模式的选择。模式是构成系统的各要素之间相互联系、相互作用的关系及推动系统保持正常运行的各种功能的总称，是可以照着做的标准样式或标准程序，大体包括制度、组织机构、评价监督、保障体系等环节。校企合作治理模式使校企合作治理主体，包括职业学校、政府、企业及行业组织在一定的合作治理规范下有效运作，形成较为稳定、系统、配套的治理体系。面对日益复杂的合作内外部发展环境和日益多样化的社会需求，在推进校企合作的过程中，需要加快校企合作治理体制改革，以治理理念创新校企合作模式，并且明确模式构建目标和原则，从而提升校企合作绩效。

一、模式构建目标和原则

治理强调的是不同的个人、机构和组织之间的互动，它决定权力如何行使、决策如何作出。治理结构中权力配置、角色关系和规则运作具有多层性和多样性，治理主要通过合作、协商等方式实施，治理鼓励自由、平等地参与，强调权力主体多中心化、非等级化。治理作为一种全方位的制度整合和创新，为职业教育校企合作模式构建提供了具有参考价值的行动坐标。治理是治理主体互动关系的行为、过程、结构的结合，能使政府、企业、学校、行业组织等治理主体的积极性被充分调动起来，使得校企合作的利益相关各方都能为建立宽松的治理关系而开始协商、讨论和沟通。当前，治理视域下推进职业教育校企合作模式构建最为关键的一步就是需要明确模式构建的目标。

（一）治理模式构建目标

与其他国家不同，我国职业教育校企合作道路有其特殊性，实现职业教育校企合作治理的任务也更为艰巨。中国拥有世界上规模最大的职业教育体系，由于经济社会发展程度的不同，中国各地区的职业教育校企合作水平参差不齐，这带来的困难是较大的。尽管我国职业教育校企合作已有了诸多创造性实践探索，但合作的层次还有待进一步提升，合作的内容还有待进一步丰富，合作的程度还有待进一步深化，合作的方式还有待进一步完善。这就要求我们必须尽快加大职业教育校企合作改革力度，推进治理模式构建。对校企合作而言，从管理走向治理，正是推进职业教育校企合作现代化的必由之路，是新时代提出的新命题。传统意义上的校企合作往往是线性合作，具有层级特性，而当前的校企合作不再是一对一、点对点的合作，主体的多元化使合作呈现出相互依赖的趋势，校企合作实践也更具灵活性、积极性和适应性。面对校企合作的多样化、复杂化，校企合作治理问题已经不在于选择何种治理工具，而要考虑如何将各类主体纳入治理过程，实现多元治理主体之间复杂博弈过程的相对平衡。也就是如何更好地将分散化的多元治理主体联合起来，在治理的过程中实现校企合作"善治"的目标。

基于治理理念推进职业教育校企合作模式构建主要考虑以下四个因素。第一，分析不同利益相关者在职业教育校企合作治理中国家层面和地方层面的参与情况，注重不同政府部门和机构之间的协同，在纵向和横向层面形成有效的协调机制，同时在这两个层面引入行业组织，通过强调行业组织的参与促使校企合作治理过程能够充分考虑劳动力市场。第二，主要强调利益相关者的角色和责任，考虑参与治理的主体各自承担的职责以及各自的权力。明确职业教育校企合作治理实施以及进程中的职责分配，诸如由谁负责、负什么责、向谁问责等。第三，分析不同利益相关者在职业教育校企合作周期各个阶段的参与情况，也就是从校企合作合同签订开始，到校企合作执行，最后到校企合作评估，各类利益相关者之间的实践模式，不同层次和水平的利益相关者共同参与和相互影响。这些问题的解决依赖于治理的推进，而治理功能的发挥有赖于目标的明确。有必要充分发挥各治理主体的优势，规避各自的弱点和缺陷，以形成协同效应，从而解决日益复杂的校企合作问题。治理活动是嵌入复杂社会关系之中的，并以问题为导向形成了由多治理主体构成的社会网络，从而产生了复杂的多中心治理。校企合作必然涉及不同治理主体之间价值观念、行为方式、利益分配等的协调，从总体上考虑各方、各层之间的关系及其影响，努力做到各方、各层之间的有效衔接，实现多元治理主体的力量汇聚和整合，产生聚合效应。多元治理主体的力量指向同一个主题，形成一种相互依存、利益共享、风险共担的局面。第四，强调多元治理主体间资源、能力、方式等要素的互补性、针对性和契合性，防止治理中的碎片化、无序化、片面化。因此，在校企合作治理进程中，应以善治为导向，从我国社会经济发展与区域经济客观需求出发，构建特色鲜明的校企合作治理模式，不断深化职业教育校企合作发展改革，共同探索职业教育校企合作的作用机制以及策略，通过治理来明确职业教育校企合作的模式。

因此，职业教育校企合作治理模式的构建需要将善治作为终极目标。善治从更好地服务人才培养目标出发，既是让主体归位、理顺关系、完善结构的过程，更是权力重新调整、制度再造的过程。在治理视域下，推进职业教育校企合作现代化，就是对传统的职业教育管理进行一种根本性重构，其核心在于对治理实现民主化的重构，而其终极目标是将善治发展为一种常态治理。善治的本质特征是通过协作的方式促成共同利益的最大化，它不仅有利于实现职业教育校企合作治理的民主化，而且有利于为社会提供更好的职业教育服务，大大加快我国职业教育校企合作治理体系现代化的进程，进而提升我国职业教育的整体实力。从治理与善治的关系来看，治理只代表着善治的初级阶段，治理只有经由一定的过程才有可能转化为善治，治理主体的利益也才能够得以最大化地实现。因此，校企合作治理必须走向校企合作善治，治理才能是有价值的。可见，校企合作治理走向善治是校企合作实现现代化的本质和逻辑。善治是我国推进职业教育校企合作治理体系现代化的理想目标。职业教育校企合作善治就是政府、企业、学校和行业组织之间建立起最佳合作关系，合作主体在治理中实现良好合作，并促成共同利益的最大化。善治的主体依据所承担的职务职责而积极履行相应义务，作出负责任的回应，最大限度地协调治理主体之间各种利益矛盾，取得治理主体最大限度的认可。在善治环境下，各治理主体通向利益的共享不仅仅是依法治理的结果，校企合作治理主体之间的关系不再是单向的支配关系，而是成为彼此资源的提供者、支持者及利用者，这样就具备了各治理主体通过协商达成利益契约的基础。善治是校企合作治理体系和模式的目标逻辑与应然追求，从自治到管治再到善治，校企合作形成了内在逻辑—制度逻辑—结构逻辑的历史脉络，展现出职业教育校企合作治理的逻辑线索。每一种治理模式的形成又都是对校企合作治理内涵与外延历史发展的丰富与拓展，在这个过程中，无论是治理理念、治理主体还是治理客体，都发生了目的性变化。在校企合作治理过程中，政策法律环境的创设、权责边界的划分、主体关系的建立、核心诉求的形成与利益的共享等一系列要素的获得，标志着校企合作治理实现了向善治的转化。

满足善治要素标准以及善治过程之中基本价值目标能够实现职业教育校企合作公共利益最大化。我国职业教育校企合作办学经过了一个比较长时期的探索，现在需要进入善治的发展时期。善治需要规范化的模式保驾护航，包括：宏观调控职业教育的规模、结构、布局，为职业教育校企合作发展创设良好的环境；明确职业教育校企合作的方向和思路，完善组织机构，统筹不同相关主体；建立职业教育部门、产业部门、财政部门、工信部门等多部门共同参与协作的职业教育校企合作组织，并通过该组织充分协商各参与主体的利益和意见，从而推动校企合作系统协调运行；按照合作办学、合作育人、合作发展原则形成的深度合作模式；按照校企合作的要求，完善立法，建立较为完善的规范体系，过程控制和标准控制软硬结合，细化操作规则，保证校企合作的质量；进一步落实科学发展观，推进职业学校办学体制和理念创新，逐步建立以市场和社会需求为导向的，政府指导、行业引导、校企互助、行业参与、社会联动的校企合作运行模式；集聚校企优质资源，采取学校教育与企业生产实践相结合的方式，全面提升培养对象的综合素质、实践能力和就业竞争力，加快技术技能型人才培养步伐，培养一批具备较强实际动手能力和较高职业素质的技术技能型人才，形成校企紧密结合、具有鲜明特色的职业教育人才培养模式。同时，职业教育的"跨界属性"决定善治的价值取向，职业教育的跨界性和紧贴市场办学的特性，即校企合作培养生产、服务、管理一线的技术技能型专门人才的办学宗旨，决定了必须充分发挥政府、行业组织、企业、职业学校等主体各自的资源、能力等优势，各治理主体紧密结合，资源互通，共同构建技术技能型人才培养共同体，打造合作办学、合作发展体系，从而提高校企合作培养技术技能型人才的针对性和前瞻性，提升合作项目和合作内容供给的有效性。通过各治理主体的协同努力、共同治理，方能提高职业教育人才培养质量，并实现职业教育的可持续发展，推动职业教育校企合作治理从"无序混沌"向"有序善治"的飞跃。

《国家中长期教育改革和发展规划纲要（2010—2020年）》指出：要"建立健全政府主导、行业指导、企业参与的办学机制，制定促进校企合作办学法规，推进校企合作制度化"。在职业教育校企合作政策的制定上，有必要切实发挥政府的主体作用。政府要合理利用其公共权力，在遵循教育法律的前提下，制定推动职业教育校企合作治理模式建设的政策制度。同时，政策制度必须保持明确、规范、操作性强，更好地引领职业教育校企合作治理现代化。要不断强化政府在职业教育校企合作治理中顶层设计上的职责，发挥其在职业教育校企合作治理中的领导能力、宏观调控能力，着力破解在职业教育校企合作治理模式建设中所遇到的问题。同时，从"全能型"政府向"服务型"政府转变，政府是一个重要的参与者、组织者、统筹者，而不再是一个传统的大包大揽者。转变政府职能的关键在于处理好政府与职业学校、企业、行业组织在职业教育校企合作中的关系，科学划定各治理主体的权力向度。政府是校企合作的引导者，体现在职业教育校企合作的发展方向和政策制定上，政府切实做好自身的工作，履行起应有职责，在职业教育校企合作治理中争取做到"不越位""不缺位""不错位"。行业组织是校企合作的协调者。职业学校和企业是校企合作的直接参与者和实施主体,共同承担技术技能型人才培养的核心任务。这些治理主体在校企合作中的作用不同、定位不同、利益诉求不同,因此,有效的校企合作需要挖掘所有参与要素的利益诉求及利益均衡点,促使各方主动合作,构建相互促进、多方联动、有机协调的运作机制,形成共同的合作愿景和行动框架,以充分发挥各方力量,实现职业教育校企合作治理模式构建的目标。在政府、学校、行业、企业等多元治理主体之间形成治理合力,使得成员之间达成基于职业教育校企合作治理的价值共识,树立起善治的共同目标,最终在职业教育校企合作治理主体之间形成一种和谐有序的"善治"状态。另外,通过运用政府的"有形之手"联合市场主体的"无形之手"共同对职业教育校企合作治理活动进行调节,这就意味着许多治理主体要共同参与到治理过程中来,围绕着实现相互之间的目标价值和合作愿景而协同开展联合行动,形成"社会参与、多元协同、多方共赢"的多元善治的新格局,切实提升职业教育校企合作实践及活动的绩效水平。

当然,基于治理理念构建职业教育校企合作模式的目标并非仅局限于提升善治效益上,其更加现实的目标是为我国培养大批高素质技术技能型人才,符合我国社会经济转型与产业升级的期望,从而助推经济社会发展。

一方面,伴随着"中国制造2025""一带一路"倡议,经济社会的发展对技术技能型人才的要求越来越高,对技术技能型人才培养的需求越来越多元,职业教育的根本目标是为社会培养一大批适用的技术技能型人才,而人才的培养必须遵循教育规律,必须贴近社会经济发展实际。校企合作治理是一项模式创新,为校企合作注入了新的动力,成为经济发展与科技进步的助推器,其主要功能是把职业教育的人才培养和输送进行制度化设计。校企合作作为人才培养的重要方式,可充分利用校企双方的资源,优势互补,培养区域经济发展所需要的对口人才,提高人才培养质量。新常态下的经济社会发展对劳动者的差异化需求日渐显现,职业学校应树立起创新发展理念,在市场的引导下,积极探索多样化的人才培养模式,通过治理模式创新,激发职业教育人才培养活力,推动职业教育人才培养现代化。职业学校要坚持特色办学,围绕地方特色产业做文章,着力提升特色技术技能型人才培养与产业的对接度,并能够根据产业变化趋势的要求,有针对性地调整教学内容。

职业学校应努力改善人才供给，提升职业教育的人才培养质量，培养出适应市场需求的技术技能型劳动者。要能够善于发现市场，立足于不同地区、不同领域、不同行业、不同企业的实际，提供个性化人才培养服务，做到专业性与实用性人才供给相统一，努力形成人才培养的市场针对性。职业教育校企合作要聚焦技术技能型人才培养，要体现在生产与教育的一体化上，要改变现有的教育模式，培养学以致用的人才。要改革办学体制，创新人才培养机制，加强对学生职业素养和职业道德的培养。在生产的真实环境中实施教学，在教学中实现生产，联合改革人才培养模式，校企共同评价教学质量和人才培养质量，共同打造课程体系，共同开发系列教材。将学校的教学任务融入企业的生产经营过程，让人才培养过程和生产过程相互吻合，将企业的生产经营活动融入学校的育人过程。职业学校选择合作行业企业时，要基于人才培养的需要，站在长远的角度考虑企业的能力、资源、规模等要素，以便从自身的专业群及优势专业出发，围绕相关产业的一体化开展高素质技术技能型人力资源的开发与培养。

另一方面，基于治理理念构建职业教育校企合作模式需要回归跨界的本质，在满足学生需求的同时满足社会的需求，在推进学生进步的同时推进社会的发展，这一目标，仅凭职业学校之力无以实现，需要包括企业在内的多方利益相关者共同努力达成。实现多方治理主体及优势资源的凝聚与整合，治理主体积极主动地参与校企合作，推动职业教育校企合作治理的高效运转；完善职业教育校企合作治理框架，形成社会主体广泛参与的职业教育校企合作治理结构，并且通过建立完备的运行模式，加快完善职业教育校企合作治理的内容体系，推进职业教育校企合作治理现代化。与社会产业发展需求相对接，是职业教育校企合作工作的目标内容，也是实现职业教育校企合作现代化的关键之一。要求职业教育面向我国现代化的发展需求，紧密围绕国家或区域的发展战略部署，通过调整职业教育的办学方向和专业结构，形成完备的产业支撑体系。职业学校与企业的深度融合，将校企双方置于经济社会的中心地带，发挥校企双方的主观能动性，为经济发展提供足够的人才支撑。促成区域资源一体化、产学研一体化和整体效益最优化。促进合作企业的技术创新，推动地方经济发展，培养社会所需的一线人才，提高区域创新水平。

（二）治理模式构建原则

1.互动性原则

近年来，我国经济正从劳动密集型的粗放式增长方式逐渐向知识及技术密集型的内涵式增长方式转变。伴随着我国经济结构调整和产业转型升级步伐的加快，我国职业教育也经历了飞速发展，不仅办学规模急剧扩张，支撑了我国经济社会发展对技术技能型人才的多层次需要，人才培养质量也逐年提升。可以说，我国职业教育的发展已经向纵深推进，更重要的是校企合作已经成为职业教育人才培养的主要途径。然而，要想更好地推动职业教育校企合作快速发展，就要构建起多元治理主体互动的校企合作治理模式。

在经济新常态下，随着社会关系日益复杂化，职业教育校企合作治理更多地呈现出网络化的特征。经济社会发展对技术技能型人才培养的多元需求使得校企合作治理主体之间越来越多的资源需要交换，越来越多的利益需要共享，从而互动越来越密切。校企合作之间存在着信息的相互交换、资源的相互依赖、知识的相互分享、行动的彼此互动等，换句话说，在校企合作治理中，不仅存在自上而下的传统纵向行动线，还必然存在着多样化的横向互动伙伴关系，这种互动性是指多元治理主体的多层、多维、多域、多样的互动，互动涵盖学校、政府、行业组织、企业等主体间的相互沟通交流。通过互动增进了解和共识，从而建立起深层次有机合作关系，其权力向度是相互的，主要通过合作、协商、伙伴关系确立共同的目标等方式实施治理。

互动是社会资本的重要组成部分，是合作产生的基础，也是治理的保证。作为一类复杂的社会关系网络系统，校企合作从最简单的人际信任逐渐延展到合作过程互动，从而演变成一个基于互动机制的多边合作框架。因此，治理模式构建的重点是围绕校企合作治理的落实、流程和网络等。因为不是层级制的集权式管理，尤其要注重治理流程的制定与落实，通过职能互动、层次互动、多方联动等流程，健全决策—执行—监督的闭环机制，实现学校部门、系、专业与企业的无缝对接，形成强大合力。校企合作之所以达成，就是因为参与者认同彼此为了交换资源、共享知识、实现共同目标而愿意选取相互协同、相互依存的合作路径并采取集体行动。这是一个合作的过程，更是各治理主体之间形成动态的互动关系的过程。通过治理保证互惠互利，鼓励各主体通过资源交换以换取彼此的资源、协调彼此的行动，满足各自独立的个性化要求。校企合作治理网络内的互动关系强弱和互动的维度不是一成不变的，是随着合作项目的变化和治理主体的变化以及时间变化而动态变化的。美籍奥地利人贝塔朗菲创立系统论，将系统定义为"由若干要素以一定结构形式联结构成的具有某种功能的有机整体"。系统论认为，任何系统都是一个有机的整体，它不是各个部分的机械组合或简单相加，而是整体大于部分之和。根据系统论的观点，职业教育校企合作治理模式也是一个由多因素组成的有机整体，各构成要素又自成系统，相互之间形成一种交叉耦合关系。职业教育校企合作治理往往需要依靠治理主体之间的互动来保障治理执行的畅通无阻，借助市场机制来解决治理主体遭遇的利益冲突，通过治理主体间的协商合作来实现校企合作1+1＞2的效果，激发学校、政府、行业组织、企业等主体参与职业教育校企合作治理。

从具体实践来看，基于治理的职业教育校企合作模式所追求的价值应该是互动的，其中应该涵盖信任合作、共赢共生等关键词。互动性是校企合作治理的基点，校企合作治理是利益相关方为共同解决治理问题的群体性活动。为避免治理中的利益方厚此薄彼现象的发生，使治理绩效大打折扣，治理的良性运作应以互动性为基点。校企合作治理主体的相互沟通是校企合作治理的条件，治理主体只有在相互沟通的环境中才能够各自敞开心扉表达想法，主体之间的默契度才能够逐渐累增。因此，治理主体间的互动程度决定其融合度，进而决定校企合作的进度。若希望利益相关方形成合力推动校企合作可持续发展，就需要利益相关方精诚合作，要想实现治理效果最优化则需要利益相关方的通力合作，需要将利益相关方的相互协调沟通贯彻于校企合作全过程。面对日益复杂的内外部环境，职业教育校企合作越来越呈现出网络化态势，应该采取互动性治理，这是基于多元合作伙伴关系建立起来的纵横交织的权力线和行动线的互动。校企合作治理要进行整体推进，通盘考虑，统筹运作，治理主体通力合作，紧密配合，达成优势互补，共同促进目标完成，使办学诸要素之间有机结合、相互作用，构成一个具有特定功能的整体，最优化地实现办学目标和预期效果。职业学校、政府、行业组织、企业等主体在专业设置、培养目标、培养方案、实践课程教学、校企人员互兼互聘等方面进行广泛的合作，做到专业课程共定、教学过程共管、师资队伍共优、实训基地共建、教育资源共享、校企文化共融。也就是基于优势互补、互惠互利的原则，自愿组合，就某个或相关几个专业的建设由多方治理主体共同参与，这是一种互动共同体，致力于实现多方的相互依存、相互促进，有利于深化产教深度融合，激发职业教育校企合作活力。

2.明晰性原则

明晰性原则主要指的是责权利明晰。治理视域下职业教育校企合作模式构建核心是明确划分治理主体的责权利范围，处理好利益相关者的责权利关系，明确权力边界，实现权责对等。目前，职业教育校企合作治理存在的最大问题是治理主体的责权利错位。治理主体中职业学校和企业并没有在校企合作中定位好自己的主体责权利，没有认识到在治理中自己的责权利划分定位与组织目标。在实践中，校企合作治理主体各自打着自己的小算盘，不能够从校企合作整体利益出发，导致校企合作"同床异梦"。因此，有必要明晰治理主体责权利，在此基础上各负其责、各司其职，避免因职责不清、分工不明而导致合作上的混乱。否则，极有可能出现效率低下、推诿责任、争夺权力等传统管理弊端。如果责权利界定不清，也可能使一些治理主体参与校企合作流于形式。职业教育校企合作治理主体只有明确划分好各自的责权利范围，才能扮演好自己的角色，才能担当起自己的责任和义务。正像特里·L.库珀所指出的，"我们在各种角色的名义下让自己承担着义务。那些没有被明确规定好的角色，扮演起来很容易产生问题"。治理视域下职业教育校企合作模式是多元治理主体共同作用形成的，各治理主体在利益关系的基础上形成了责权利关系。不同责权利应该有边界，要明晰政府、职业学校、行业组织、企业等多元治理主体在职业教育校企合作中的责权利。责权利平衡是校企合作治理结构稳定的表现，校企合作治理结构能准确地体现系统中各治理主体力量的强弱和对比。校企合作治理结构的责权利分配与平衡，不仅由相对能力所决定，还由政策、法律、制度框架所界定。校企合作治理主体之间的责权利平衡，主要通过建立新的治理制度，重构规范、规则及其决策程序，通过立法等方式明确各治理主体的责权利，为各治理主体责权利的落实制定系统的、可操作的法规制度和政策措施，改变权力分配，最终构建相互联结、相互制约的责权利平衡体系。

需要指出的是，责权利明晰有助于突破目前我国职业教育校企合作治理的瓶颈。例如，在校企合作治理过程中，政府权限过大，会导致校企合作的束缚太多；权限过小，则会导致校企合作流于形式，落不到实处。所以政府手中的权力到底有多大，需要明晰化。要推进校企合作治理进程，必须明确政府各管理部门的职能范围，明确职责划分。应明确各部门各自管理的权限范围，实行"归口管理"。厘清各自的职能，明确分工协作，做到"该管的有人管，有人管的管得好"。要明确政府的权力限度和责任范围，在履职过程中必须明确哪些由政府统筹管理，哪些由市场调节。必须避免政府的过度干预，在发挥政府主导作用的前提下充分保障市场对于校企合作的调节作用，处理好政府主导与市场调节、政府主导与企业参与、政府主导与学校自主之间的关系。同时，企业作为职业教育校企合作的重要参与主体，也是职业教育校企合作治理的核心主体，企业的本质属性和直接目的就是实现自身利益最大化。要想从根本上调动企业参与职业教育校企合作的积极性，就要对企业的利益进行划分。对于企业来讲，必须明晰各类利益，包括能够给企业带来的税收、土地、财政、贷款等优惠政策。企业缺乏参与校企合作的积极性，主要原因是其利益得不到保障，企业作为社会经济活动的个体，营利性是其本质特征，是否能盈利是其参不参与校企合作的根本因素。激发企业参与办学的积极性，明晰企业的责任与权利，是校企合作走向成功的关键。明晰性原则可望改变校企合作中的动力性问题，在推动政府出台相关政策法规保护企业经济利益的前提下，鼓励企业参与合作，在利益明晰的基础上，赢得企业深度参与。另外，职业学校是办学行为主体，是办学活动的基本单位，也是关键的治理主体，职业学校必须能够独立参与办学，并能独立行使办学权利、承担办学责任。随着职业教育校企合作活动日益推进，职业学校在合作办学中也暴露出缺陷与漏洞，迫切需要其他利益相关者参与校企合作。然而，要想推动其他利益相关者高效率参与，必须明确职业学校的责权利范畴，确保职业学校与外部各利益相关者关系的有序规约，明确职业学校与政府、企业、行业组织在校企合作治理中的权责范畴边界。

　　总之，治理视域下职业教育校企合作模式构建对参与其中的治理主体都会提出责任要求。清晰的责权利界定是开展合作的前提和基础，只有清晰界定治理主体的责权利关系，建立一种稳定性强、良性互动的校企合作治理结构，形成纵向制衡与横向制衡的责权利治理体系机制，才能在校企合作治理过程中正确处理多方治理主体的责权利边界问题，规范多方治理主体的校企合作行为。

3.多元性原则

职业教育校企合作治理是一种复杂的具有外部公共性且关联多方利益的综合活动，在实践中不仅呈现出多维性和系统性，在内涵上还具有开放性。为了使人才培养活动顺利完成，应将所有的利益相关方都引入这一体系，围绕技术技能型人才培养共同开展全领域、多角度、全产业链的校企合作。因此，职业教育校企合作治理具有典型的利益相关者网络结构，校企合作治理必须真正搭建并协调处理好更加广泛的合作伙伴关系。传统单向性的校企合作管理方式必然走进死胡同，职业教育校企合作治理应该向多元化发展，发展更多的合作伙伴关系。在理念、目标、文化和价值取向等方面促进彼此的融合，形成相对稳定的合作关系，促进各方互惠共赢，获取更大的竞争优势，进一步增强校企合作强度和力度。

当前，职业教育校企合作发展趋势与多元化治理理念非常吻合，有必要以多元化治理对职业教育校企合作进行指导。多元化治理以其治理空间上的多元化、治理主体的多元化、治理手段的多元化和权力向度的多元化为特征，打破了传统单中心束缚，为复杂性问题的治理提供了新的视角和方法。多元化治理允许相对独立平等的主体采取民主与多中心等手段，推动治理的创新，即多元化治理并非对命令、利益、协商合作以及公众参与等相关机制的否定，多元化治理需要对上述机制进行有效的整合，通过对多元权力的有效分配，在制衡机制的作用下实现多元主体之间的多元共治。首先，职业教育校企合作治理主体多元化。校企合作治理中存在多个权力中心。治理的主体是多元化的复合主体，包括政府部门、社会组织、企业等多个主体。政府不再是唯一的治理中心，其他主体也拥有权利并通过不同的形式参与治理，打破政府在职业教育校企合作治理中过度集权的现状，形成多主体共同参与的治理格局。其次，治理空间多元化。治理需要在一定的空间中进行，治理主体多中心导致存在多个利益空间、决策空间和行为空间。各治理主体必然需要不断对其利益空间、行为空间作出适当的调适与整合。再次，治理方式多元化。传统管理模式下，管理方式比较单一，往往采用的是自上而下的行政命令，常用手段是指挥和控制。在多元化治理模式下，往往通过多元主体对话、协商等手段，相互理解、相互妥协，交流信息、减少分歧、增进合作。最后，权力向度多元化。多元化治理更多的是强调分权和放权，其权力结构是一种上下互动、多元参与的开放系统，其实质是对权力的重新规划和赋权的过程，强调职业教育校企合作治理权的分配，政府在做好统筹的基础上，适度向各治理主体下放权限，改变传统的自上而下的模式，形成上下互动、多元交流的权力运行模式和格局。

治理视域下职业教育校企合作模式的实质在于它是一种不同于单纯的官僚层级体制或纯粹的市场化体制的新型组织治理，是通过校企合作而使得政府、职业学校、企业及行业组织等多元治理主体在一个惯例化的框架中，为了实现合作愿景和目标价值而协同开展的联合行动，克服了传统以政府为"单中心"的管理模式所带来的"政府失灵"问题，和单纯以市场为中心的"市场失灵"带来的弊端。校企合作治理并非单机制治理，它应该是多元机制治理。与此相对应的是，我国职业教育校企合作治理也是多元的，毕竟在经济全球化的今天，不同时期的社会经济以及不同区域中，治理主体相应的利益需求各式各样，而影响治理的因素也形式各异，治理过程自然也各具特色，需要综合考虑多方因素，实现多方主体间利益的共赢。多元性反映了一种强烈的参与意识，在校企合作治理过程中，政府、行业组织、企业等不再是单纯的旁观者，而是主权者，是决策的制定者、参与者与监督者。职业教育横跨职业与教育、工作与学习、企业与学校的界域，校企合作是职业教育"跨界属性"的现实要求，要保障我国职业教育校企合作取得现实成效，需要建立多元主体参与的职业教育治理模式，充分发挥政府、职业学校、企业、行业组织等不同治理主体在职业教育校企合作中的作用。不同于职业学校和企业这两个主体，政府的职能是规范与监控、引导与协调，政府通过政策法规，通过扶持引导校企合作，在人才培养中实现制度创新，成为治理模式建设的纽带和指挥系统。而行业组织通过建设服务型网络信息平台，对校企合作办学提供帮助和支持，不断协调和解决校企合作办学过程中的矛盾。只有这样，各治理主体方能够基于彼此之间的不同诉求，形成共同的基础。而合作的基础越多元化，合作的稳定性就越突出，合作的长期性就越明显。

当前我国正在加快推进和完善职业教育校企合作体系，对校企合作治理提出了新要求。我国在职业教育校企合作中明确了要建立"政府主导、行业指导、学校主体、企业参与"的校企合作治理机制，这就决定了职业教育校企合作治理具有多元利益相关者的典型性，要求构建包括政府、行业组织、企业、学校等多元主体在内的校企合作治理的价值体系、组织体系、制度体系和行动体系，满足和实现不同利益相关者对自身价值的主张。同时，完善多元化治理模式，为落实多元治理主体参与的决策权、执行权与监督权提供组织、制度和机制保障，进而通过统筹协调、多元互动和权利平衡，发挥多元治理主体的作用。在多元治理主体参与基础上建立起组织架构、议事规则、行为约束和运行制度，真正激发出多元治理主体参与校企合作治理的活力。

4.开放性原则

职业教育是面向人人的教育，是与经济社会联系最直接的教育，职业教育的特征赋予了职业教育校企合作组织边界的开放性。随着产业结构的调整、升级和优化，职业教育校企合作过程越来越凸显其高度开放性的特质。作为一种兼具"教育属性"和"职业属性"的教育类型，在产业转型升级加速的背景下，职业教育的开放性非常突出，这就决定了职业教育校企合作必然涉及越来越多的治理主体，职业教育校企合作要坚持向社会开放，使培养目标、教学计划、教学内容更贴近企业和社会。同时，开放性是职业教育对国家倡导的构建现代教育治理体系的一种现实回应。随着社会分工的愈发细密，任何主体都无法独立承担起适应社会需要的人才培养的任务，也就无法独立承担起校企合作的治理任务，必须充分发挥各自的能力、资源和优势，吸引多元社会主体进入校企合作治理场域，共同参与人才培养事务，形成开放性的治理模式，架构更大的治理网络，形成更多的治理中心，构建出全新的校企合作治理路径。

校企合作的前提必然是校企合作主体加强自身与其他主体联结，保持自身的开放性。任何主体的封闭只可能带来落后和孤立，封闭阻碍了资源、信息、观念等的输入和输出，无法适应新的时代发展和新的时代环境，也就必然无法发展，只有治理主体保持自身的开放性才可能实现彼此间的合作。针对当前职业教育校企合作治理中的封闭问题，各个治理主体必须对传统的办学理念进行变革，要深刻认识校企合作治理的意义所在，对治理主体进行科学有效的引导，深入挖掘各方的利益交叉点，积极吸纳各方主体参与到职业教育校企合作治理中来。职业学校必须树立起服务于行业产业发展的办学理念，主动担负起人才培养的职责，确保教学活动与行业企业的需求有机结合，树立并落实开放的校企合作治理理念，与行业企业展开合作，充分彰显自身的行业产业要素。同时，在教学过程中，面向行业，充分融入具体岗位的技能标准，以技术技能型人才培养为核心，将技能训练融入学生培养中，促进职业教育校企合作治理由封闭管理走向开放。

校企合作是现代职业教育发展的基本要求，也是未来职业教育发展的永恒主题，更是实现职业教育人才培养目标的根本途径。由于职业学校教学过程的特殊性，专业、课程、教学、教师等教学要素方面必须开放，导致职业教育校企合作治理模式呈现出高度的开放性特征。以职业学校为例，开放性体现在几个方面。一是专业设置的开放性。职业教育与区域经济发展的需求对接以专业为纽带，这要求职业教育在专业设置和调整上需要具备高度的开放性，与产业需求保持联动，适应产业结构调整的需求，紧跟、伴随甚至引领产业发展。二是课程设置的开放性。课程作为职业学校人才培养的核心载体，承担着将产业技术技能知识向学校传送的责任，要将生产性要素融入课程。课程体系应该是一个动态适应经济发展、产业升级和技术进步的开放式系统，而要实现课程资源的产教融合，必须开放课程体系。三是教学过程的开放性。职业教育按照真学真做的要求开展教学活动，需要积极推行开放性的教学方式，实行开放性的教学管理，从而实现教学过程与生产过程的对接。四是师资队伍的开放性。现有的教师队伍不能封闭，采用校企互动交流的方式，一方面将教师送到企业去，参与企业生产研发活动；另一方面从行业企业广泛聘请兼职教师，使得教学团队具有高度开放性和融合性。五是决策过程的开放性。能够及时将决策的过程和程序公开，广泛征求相关专家和各治理主体的意见和建议，是科学决策和民主决策的有效保障。职业教育校企合作主管部门在作出重大决策之前，应该广泛听取各利益群体的意见和建议，可以召集各治理主体的代表进行商议，使校企合作决策在诸多治理主体之间形成一种平衡。

总之，随着时代的发展，职业教育不再是以往封闭的针对某一领域的阶段性教育，而是一种动态开放的面向人人、面向职业生涯的终身教育。这种开放的教育形式赋予了职业教育校企合作治理的开放性，需要职业教育打破自身与环境间的界限，根据经济发展需求，自主调节合作的结构和功能。从某种程度上说，职业教育校企合作并不具有明确、固定的组织成员和由此形成的明确的组织边界，它更像松散结合的系统，允许成员自由进入和退出。具备合作成员资格的职业学校和企业，只要愿意参与合作过程，都可以随时随地加入合作，也可以随时随地退出合作。合作主体的每一次进入和退出都会进一步推动校企合作的发展和深入，促进校企合作共有信念和理念的建立，促进校企合作成员在相互了解、相互认同中形成信任。因为开放的组织边界有利于合作组织间物质、能量和信息的交换，为组织成员的创造性活动提供机会。组织成员通过开放性的沟通对校企合作目标和任务产生集体认同感，将一种共有观念完全内化为自我的一部分。作为一个开放的办学系统，职业教育自身的生存和发展离不开外部资源的有效供给，校企合作治理应该是一个开放式模式，随着职业教育校企合作治理向纵深推进，开放性程度越来越高。职业教育必须打开大门办学，遵循市场规律，密切联系企业，主动深入了解行业的发展动态、人才的需求状况等，在改善自身人才培养质量的基础上，争取提高企业参与职业教育校企合作的积极性和主动性，承担更多的校企合作任务和职责。职业学校应在与企业展开合作的同时，对行业组织、政府等相关部门的优势资源加以利用，尽可能地增加治理主体。例如，可以借助行业组织分析劳动力市场人才需求情况、人才与市场需求间的匹配情况，预测未来人才需求情况等，最大限度地提升校企合作水平和质量。

5.主动性原则

主动性原则包括两个方面，一方面是提升企业主动性，使得企业能够积极主动地增强参与动力。《国家中长期教育改革和发展规划纲要（2010—2020年）》明确将调动企业参与职业教育的积极性作为职业教育发展的重要任务。通常来讲，企业参与职业学校校企合作治理的经济动力来源于两个方面，一个是经济成本，另一个是经济收益。经济成本是企业在参与职业教育校企合作中直接或间接投入的经济费用，经济收益是指企业在参与职业教育校企合作中所获得的直接或间接经济收入。经济动力直接受到成本和收益的影响，企业投入的经济成本越小，企业参与的经济动力越大；或者企业得到的经济收益越大，企业参与的经济动力就越大。随着职业教育体制的改革，校企合作已成为技术技能型人才培养的重要途径。企业参与职业教育校企合作治理的动力是校企达成有效合作的决定性因素，只有职业学校单方面的合作诉求不可能真正促进校企合作，仅依靠企业自觉自愿参与职业教育校企合作治理也是远远不够的，必须有相关的措施激发企业参与动力，并给予扶持和鼓励。经济动力是驱动企业参与职业教育校企合作治理的重要因素，因此，成本与收益是企业参与职业教育校企合作治理首先必须考虑的问题，也就是预期收益与预期成本影响了企业参与校企合作治理的决策。根据成本最小化和利益最大化的原则，预期收益越大于预期成本，净收益越大，企业的经济动力越高。因此，只要满足企业"投入回报"的双向性利益诉求，企业参与校企合作治理的动力将大大提高。在激励企业参与职业教育校企合作治理过程中，建立企业参与职业教育校企合作治理的成本利益补偿机制，形成具有中国特色的成本收益补偿体系。树立起为企业补偿的意识，满足企业利益需求，采取行之有效的措施消除企业的后顾之忧，引导、激励、控制企业的校企合作治理行为，使企业参与从自发变为自主，由被动变为主动。

　　另一方面是职业学校能够积极主动提升自身参与校企合作的能力，更好地融入校企合作治理活动中去。职业学校要变过去的被动适应为主动出击，充分运用好当下供给侧结构性改革所释放出的制度红利，以开放的姿态拓展职业教育校企合作空间。职业学校校企合作能力是一个由若干能力组合而成的集合体，要想真正提升校企合作能力，必须采取措施同时从信息能力（寻找校企合作机会的能力）、资源能力（增强校企合作绩效的能力）和协调能力（维持校企合作关系的能力）入手，从根本上优化能力要素，完善能力结构，激发能力功能，从而推动职业教育校企合作模式的构建。

　　第一，主动强化职业学校信息能力。首先，强化职业学校信息意识。对于职业学校来讲，只有意识到信息能力对于校企合作的重要性，才能够在思想上重视信息能力，为信息能力提升创造条件，进而在行动上进行有效实施。职业学校领导层必须意识到，校企合作信息是校企合作后续活动开展的前提和基础，任何成功的校企合作活动都是建立在充分掌握校企合作信息的基础上的，而获得校企合作信息的核心就是需要具备校企合作信息意识。因此，信息意识是职业学校信息能力提升的关键，应该提升职业学校对于校企合作信息的敏感度，有针对性地瞄准专业领域，主动搜寻校企合作信息，积极检索信息、识别信息，改变过去那种被动等待的状态。其次，建立信息机构。传统模式下，尽管职业学校都设立科技处，承担部分信息职能，然而，由于校企合作信息量巨大，不同专业之间跨度很大，科技处难以完全胜任。因此，职业学校在实际参与校企合作治理过程中，相关校企合作信息大多由教师自己联系收集，不同来源的合作信息比较零散，而且信息之间共享很少，导致信息使用效率不高。因此，除了在学校层面继续强化科技处的信息职能，更为迫切的是，有必要在职业学校各个二级院系建立信息员制度，指定专门人员负责校企合作信息的收集、整理和发布。同时，架构信息网络，使得不同专业之间的信息能够共享，从而提高校企合作的整体运行效率。最后，优化信息机制和战略。一方面，职业学校可以借助行业协会的力量，建立信息交流制度，让第三方机构介入职业学校校企合作的运行，促进合作双方一系列信息交流，防范校企合作中信息不对称带来的相关风险。另一方面，从职业学校校企合作治理未来发展出发，从战略的高度保证信息能力建设的实施。职业学校应该从战略高度对信息能力建设进行整体规划，分阶段、分步骤地实施信息能力战略，明确信息能力战略的目标、路径和方向。

第二，主动优化职业学校资源能力。优化职业学校资源能力需要职业学校持续改革办学模式以及优化人才培养机制，创新管理模式，挖掘资源的潜力。职业学校必须增加对于资源的取得、整合和使用的掌控能力，充分使用已经获得的资源，进行整合，优化资源配置，提高现有资源的使用效率，使得职业学校能够源源不断地从企业获取资源、整合资源和利用资源，从而改善办学条件、提升职教师资队伍素质，产生良好的校企合作绩效，最终推动校企合作持续开展。首先，以办学模式改革为核心提升获取资源的能力。当前，企业往往出于自身利益考虑，其校企合作停留在浅层次合作方面，对于职业学校的资源投入比较有限。因此，职业学校需要积极探索有效的办学模式，进行多层面、多方位的办学模式改革，规范校企合作外部运行机制，不断挖掘企业潜力，拓宽合作的渠道。具体来讲，职业学校需要进一步增强获取资源的能力，吸引企业增加资源投入，深度参与办学，形成职业教育的多元化校企合作办学模式。职业学校必须广开门路，突破传统封闭的办学边界，积极主动对接企业需求，完善企业资源的引入机制，吸引行业地区内实力强、影响广的大型企业，采取项目建设的形式，投入一定的资源用于校企合作项目建设。同时，规定好项目实施的管理机制，使得企业能够通过校企合作项目真正获益，从而激发企业主动增加资源投入的积极性，推动企业持续不断地投入资金。其次，以优化人才培养机制为目标提升使用资源的能力。企业资源在校企合作过程中究竟作用如何，资源使用绩效怎样，这些都与人才培养过程相关。职业学校要从技术技能型人才培养的规律出发，根据自身以及企业的实际，按照专业与产业对接的原则，进行广泛的调研，找准办学方向，了解企业所需人才的情况，修改人才培养方案，制定出校企合作人才培养战略规划。从整体上细化人才培养的框架，并配套具体的制度，主动加强与企业的合作，充分利用企业的设备、实习场所等资源，创新人才培养机制，吸引企业参与制定专业课程标准和人才培养方案，共同参与实训计划、技能培养方案及考核办法等的制定和执行，从而增强使用资源的能力。最后，以实训基地建设为抓手提升资源整合能力。实训基地既是校企合作中资源高度集中的场所，也是校企合作的主战场。职业学校要想提升整合资源的能力，必须以实训基地建设为抓手，合理组织配置实训基地资源，充分激发实训基地的人财物等资源的活力，有机地组合调配企业技术人员、教师、实训设备机械等相关资源，校企共建共享校内生产性实训基地和校外实习基地。同时，职业学校必须完善基地管理制度，构建校企双方沟通协商机制，当人财物等资源在使用中发生冲突时，能够及时协调矛盾、化解冲突。另外，设置专门的基地管理机构，成立基地工作领导小组，由主管教学工作的院级领导、教务处长、各专业系主任组成，负责基地相关具体事务的管理，发挥资源的最大化效用。

第三，主动提升职业学校协调能力。能否协调好学生和企业的关系、教师与企业的关系以及理论教学与实践教学的关系是影响职业学校校企合作治理的重要因素，也是职业学校协调能力具体体现的三个方面。首先，以教学改革为途径协调理论教学与实践教学的关系。当前，职业学校教学体系人为割裂了理论教学和实践教学，不利于学生综合职业能力和素质的发展。职业学校可借鉴德国的"双元制"教学模式，以理论与实践一体化为目标，协调理论教学与实践教学的关系。在理论教学中，应当紧扣实践、结合实践，做到理论教学的具体化，让学生对于理论的认知更加形象，使教学内容能够解决实际问题。同时，在实践教学中紧密结合理论，让学生对于理论的运用在实践中更加深入，不断探索并实行理论教学与实践教学的有机结合。同时，在教学过程中强调充分发挥教师的主导作用和学生的主体作用，以培养职业能力为核心，突出教学内容和教学方法的应用性，通过项目教学任务的完成使学生获取知识、习得技能。彻底打破以知识性为核心的课程体系，横向打通课程设置体系内在连接，最大限度地促进课程之间的渗透和融合，促进理论知识在实践中最大化地释放效能。另外，注重对职业技能教学的制度引导，完善技能导向的激励制度。积极鼓励学生参加各类技能大赛、创新大赛，最大化地推动理论教学与实践教学的融合，从而为校企合作的持续推进打下基础。其次，以完善教师企业实践制度为方法协调教师和企业的关系。当前，职业学校教师与企业双方建立的是自发、松散的短期关系，而不是长远的亲密伙伴关系。教师作为校企合作的参与者与推动者，有必要与企业形成良好的关系，强化服务企业的意识和使命感，建立稳定的校企合作关系。所以，职业学校要高度重视教师到企业顶岗工作，有计划地派送教师到企业挂职锻炼，通过教师企业实践强化校企合作，探索"紧密型"合作办学。应该出台鼓励教师参加企业实践的政策和措施，切实将专业教师到企业实践列入教师培养的整体计划。注重教师企业实践的过程质量控制，强化过程管理和考核，明确教师在企业实践过程中的权利和义务。通过上述举措，为教师顶岗锻炼搭建沟通的桥梁，也对教师与企业的深度融合起到推动作用。最后，以校企文化融合为手段协调学生和企业的关系。当前，由于职业学校学生与企业之间存在一定程度的隔阂，影响了校企合作的深入开展，因此，职业学校必须采取措施，协调好学生与企业的关系，使学生能够更好地融入企业中。职业学校可以加大校企文化对接力度，构建多层次、多方位协调联动、师生全员参与的校企文化对接体系，推动学生更好地融入企业；职业学校可以采取文化融合战略，对学生进行企业文化熏陶，在校园文化与企业文化间实现"零距离"，以校企文化融合为目标进行校园文化建设，研究制订校企在物质文化、制度文化、精神文化和行为文化方面的对接方案，将企业文化融合到讲座、技能大赛、社团活动主题报告、先进事迹报告中。把企业文化素质教育纳入教育教学计划之中，在文化课教学中结合企业文化，开设企业文化课程和企业文化专题讲座，引导学生了解职业、了解企业，帮助学生树立远大的职业理想和职业观，熟知企业使命愿景、核心价值观、企业精神，提高学生对于企业文化的认同感与职业适应能力。❶

---

❶肖艳婷.基于章程的高等职业院校治理研究[M].天津：南开大学出版社，2021.

二、模式构建路径

(一)理顺组织架构

治理视域下职业教育校企合作模式构建是一个涉及职业教育全局的战略性工程,这一战略性工程的规划和实施需要强有力的组织架构支撑。依据组织管理理论,高效运行的组织管理架构有共同的目标,有规范的执行标准,以及围绕执行标准所形成的各层次、各部门的明确分工。组织结构设计要考虑合理设置管理部门,按照统一指导、分工协作的原则,科学划分各自的责权利。因此,校企合作治理模式中的组织架构要适应职业教育外部环境的动态变化,组织结构具有一定的灵活性和适应性,能够对校企合作治理过程中的任务、权力和责任进行有效协调,并以职业教育校企合作治理目标的实现作为判断组织架构有效性的基准。从国外经验来看,无论如何创新组织架构,强有力的组织机构设置是必不可少的。1962年美国成立了国家合作教育委员会,协调全美社区学院的合作教育工作;英国政府专门成立了国家学徒制培训服务中心,为学徒项目提供协调和资助等方面的服务。这些在国家层面设立的校企合作机构增强了职业教育校企合作的治理能力。我国现行的职业教育校企合作组织架构存在着条块分割、部门分割等诸多问题,政府相关部门缺乏有效和顺畅的沟通衔接。因此,我国也要完善组织架构,加强对职业教育校企合作治理的宏观调控。

从纵向来说,从中央到地方,都应当建立相应的专门化职业教育治理机构;从横向来说,建立决策机构、执行机构、监督机构、咨询机构和研究机构,形成从上到下的校企合作治理体系。机构的成员组成多元,即在校企合作的相关治理机构中,应该包含来自各个利益相关者的代表,从而使得各方力量能够充分地参与,各方积极性得到充分调动。各级政府机构都应该建立常设机构和专职人员,管理与研究校企合作工作。建立由政府牵头、有关部门参加的职业教育联席会议制度,负责制定职业教育校企合作重大方针政策和议决重大职业教育校企合作事项。联席会议制度就校企合作相关问题以会议形式进行探讨并形成最终解决方案,在此基础上,各级教育职能部门成立校企合作办公室,负责制定相关政策法规、实施方案和细则,牵头做好区域校企合作建设与管理工作,统一组织、领导、协调校企合作治理的进展情况。在该制度框架下，针对校企合作的审批、备案和监管，与校企合作相关的多个部门都能够参与其中，共同商议制定措施，出台规范，推动改革，逐渐形成政府统筹、分层管理、社会参与的新型职业教育校企合作治理的组织架构。另外，在校企合作治理组织架构推进过程中，应当明确相关组织机构的职能与权限，区分开政策职能与管理职能，赋予其足够的权力对校企合作进行治理，防止机构形同虚设。

在政府层面，可以借鉴其他国家的相关做法和经验，突破职业教育只归教育部门管的传统思维方式，真正打破部门之间界限，建立一个权威的、具有统筹协调能力的全国性治理组织体系，在中央层面上建立专门的校企合作统筹治理机构，实现对职业教育校企合作治理的统一领导。中央政府应该成立校企合作治理委员会，成员主要由教育、工信、发改、人社、财政、税务等相关政府部门，行业企业专家以及职业教育研究领域的学者组成，重新分配不同政府部门在职业教育校企合作中的治理职能，将职业教育校企合作治理权力统筹到委员会。委员会负责职业教育校企合作政策框架体系的设计，负责制定校企合作的发展规划以及校企合作检查督导，为制定校企合作政策提供建议。同时，按专业大类将相关行业主管部门确定为校企合作主管机构，专业内部的校企合作治理工作都交由相关行业主管部门设立的校企合作治理办公室来实施，办公室有权审定参与校企合作项目的企业资格，并有资格审定接受政府免税政策或补贴政策的企业资格。另外，完善现有行业教指委工作机制，深入调研分析行业技术发展和人才需求趋势，及时发布技术技能型人才需求报告，制定各个专业大类的顶岗实习标准和企业学徒标准，有效指导学校动态调整专业和课程，满足企业创新发展的要求。

另外，推动职业学校组织机构改革。在校企合作过程中，职业学校是一个开放的系统，它一方面要与政府和社会之间保持密切的互动关系，另一方面要与企业发生资源和信息交换、相互作用、相互渗透的关系。这些校企合作活动都属于专业性活动，应该有专业性机构专门进行运作和推动。建立校企合作专门机构有利于提高部门工作的专业性，有利于拓展更为广阔的合作空间，有利于及时收集校企双方的需求信息，更好地掌握双方校企合作项目的开展情况，实现双方利益最大化，对提升校企合作项目的有效性有很大帮助。但是，目前我国职业学校大都沿袭着计划经济体制下传统机构设置，基本没有建立专业化的校企合作机构。由于缺少相应的组织机构来实施，在开展校企合作的时候，职业学校大多采用临时组队或者由教师与企业点对点接触的办法开展工作，这种形式往往效率很低，各方主体之间的约束较少，存在松散的碎片化思维和单边的个体主义，过程缺乏凝聚力，容易出现断档，使得校企合作流于形式。同时，校企合作以过程的开放性和实践性为特征，不仅使得教学资源具有很大的随机性、灵活性和易变性，而且使得校企合作管理的任务大量增加。

因此，职业学校必须专门设置校企合作机构，建立稳定的组织架构，全面负责本校的校企合作工作。重新设定岗位，拟定岗位职责，明确任务分工，制定工作流程，实现管理职责和管理流程再造。通过改革，形成精干的治理机构和管理队伍，提高管理人员的执行力度，实现从"管理行政化"到"治理现代化"的转变。在多方参与、充分讨论的基础上，搭建联席协商对话平台，加强校企合作治理主体在人才培养、招生就业、顶岗实习、专业建设等方面的联系与沟通，研究解决校企合作发展及具体工作中遇到的新问题和新情况，从而确保校企合作决策程序合理、结论科学，形成具有约束力的意见，用以指导工作。

（二）推动行业参与

1.行业组织参与现状

行业组织是以同行业企业为主体，为增进共同利益而联合起来的，"由独立的经营单位组成，保护和增进全体成员既定利益的非营利组织"。行业组织是同一行业中企业利益的代表，行业组织作为一种中介组织，是连接企业和职业学校的桥梁，扮演协调者的角色，是兼顾教育利益与行业利益的最佳平台。在当前教育体制下，积极发挥行业组织的作用能够有效解决职业学校校企合作中的问题。2010年12月，全国43个行业职业教育教学指导委员会召开成立大会，时任教育部副部长鲁昕出席会议并讲话。鲁昕认为：在职业教育发展过程中，要坚持政府主导、行业指导、企业参与的办学机制，行业组织最了解本行业领域的技术前沿、内在运作规律、人才需求等情况，在职业教育发展过程中起着不可替代的作用。行业组织作为独立于职业学校和企业的第三方机构，能够有效地整合校内外资源，构建信息交流平台、人才交流平台与资源交流平台，实现校企之间的信息、人才、技术资源与物质资源共享；能够协调校企合作关系，引导校企双方找到利益结合点，激发企业的积极性；能够全面强化职业学校与行业的联系，推进专业与产业对接、课程内容与职业标准对接、教学过程与生产过程对接；能够监督职业学校办学过程，评价办学绩效，形成行业组织指导下的新型职业教育办学机制。因此，调动行业组织力量参与职业教育校企合作治理，是解决当前职业教育校企合作困境的有效方法，也是未来职业学校校企合作的发展趋势。

近年来，国家层面越来越重视行业组织在职业教育校企合作治理中的作用，相继出台了一系列文件，《国家中长期教育改革和发展规划纲要（2010—2020年）》就明确提出要"积极发挥行业协会、专业学会、基金会等各类社会组织在教育公共治理中的作用"。2014年6月，《国务院关于加快发展现代职业教育的决定》指出："各级政府要发挥行业指导职业教育的作用，加强行业指导能力建设。根据不同行业特点，分类制定行业指导政策。通过授权委托、购买服务等方式，把适宜行业组织承担的职责交给行业组织，给予政策支持并强化服务监管。行业组织要履行好发布行业人才需求、推进校企合作、参与指导教育教学、开展质量评价等职责。"行业组织的参与对于校企合作治理的意义重大，从国内外职业教育校企合作治理的发展看，行业组织在职业教育校企合作治理发展中起着强有力的中介作用。以行业组织为代表的社会第三方组织，具有专业性、独立性、公信力等优势，因此，在校企合作治理中，应充分发挥行业组织的协调作用，为校企合作搭建良好的沟通桥梁，提供有效的市场需求信息，确保企业的生产设施、技术人员与职业学校的人才培养相融合。

目前，我国职业教育校企合作依然是以职业学校为中心，企业处于从属地位，学校与企业之间结成的是单一结构的合作关系。在经济新常态下，职业教育校企合作不仅仅是学校和企业单一地发生联系，参与合作的各个企业之间也需要相互了解、彼此接触，最终相互融合，这就要求职业学校通过行业组织与企业等参与主体紧密联系在一起。要在职业教育系统与外部社会的接口处，开凿沟通顺畅的渠道，密切学校和生产的结合，找到能够兼顾教育与产业利益、有效克服政府和市场不足的最佳平台。行业组织作为独立于政府、职业学校、企业的第三方，具有沟通企业与职业学校的中介组织的特点，这种中介性质使得行业组织能够比较客观公正地协调好职业学校与企业之间的复杂关系，了解企业的主流需求，代表企业的集体利益，且能看到企业的长远利益，能够站在比较高的位置研判全行业的发展动态和趋势，了解整体经济环境与行业发展状况，对行业的发展趋势能作出准确的判断。由于行业组织的参与，校企合作不再是"点对点"的合作模式，转而成为"面对点"的治理模式，可以降低单个企业在校企合作中人财物的投入度，降低企业参与校企合作的投入风险，行业组织可以整合社会资源，提高职教资源的配置效率，与社会需求保持动态均衡，提高整体教育投资效益。行业组织对于人才市场的需求信息的搜集和把握，能够为校企合作提供有效的需求信息，进而为校企合作制订人才培育方案提供科学依据。行业组织能够最大限度地对企业资源进行协调，以确保企业的生产设施以及人员与职业学校的人才培养对接。行业组织的参与，能够在校企合作治理中发挥监管功能，保证企业与学校合作的顺利推进，及时有效地对校企合作的成效加以评定和考核，为校企合作提供改进意见。

然而，我国行业组织在校企合作治理中的功能发挥存在明显不足。由于行业组织自身问题、行政体制问题以及相关法律法规问题，约束了行业组织功能的正常发挥，导致在现代职教治理体系构建过程中行业组织存在明显的功能不清与功能缺失，在职业学校的专业设置、课程体系、人才培养、师资队伍优化等方面难以发现行业组织的身影。整体看来，行业组织在校企合作治理中的功能发挥与实际能力有着较大的差距，难以充分发挥主体功能，这是制约校企合作的一个重要因素。因此，有必要加大力度，采取切实有效的举措，进一步明确行业组织的功能，激发行业组织真正发挥自身功能。行业组织必须真正发挥自身功能，以主体身份参与职业教育全过程，切实发挥好信息功能、协调功能以及监督功能等，从而推动我国职业教育校企合作治理模式构建。

2.强化行业组织参与校企合作治理的功能

（1）强化信息功能

在当今科技迅猛发展的时代，信息对于所有的社会主体都非常重要。全面、准确、通畅的信息沟通是现代职教治理体系发展的基础，国外职业教育长期发展实践证明，职业教育越发展，职业学校与政府、企业间的信息联系便越紧密。然而，当前我国校企合作治理过程中存在一定的信息不对称现象。例如，职业学校不了解当前企业所需求的人才数量和规格，对于新型技术设备了解不够。校企之间的信息不对称影响了双方的合作和交流。同时，由于专业性限制，政府部门对于职业学校各个专业的发展前景也了解不多，对于不同行业的人才需求掌握不够，导致对职业学校发展战略的指导存在一定的盲目性。行业组织拥有比较健全的信息渠道，能够为政府、企业及职业学校的信息交流搭建平台。行业组织的信息功能包括信息获取、信息分析、信息提供等环节，行业组织利用所掌握的信息资源，构造可以共享的信息平台，构建多边信息网络，从而降低信息获取成本，提高信息的使用效率。具体来讲，校企合作治理中行业组织的信息功能是指行业组织利用自己的中介角色，一方面向政府提供信息，另一方面向职业学校提供信息，使得校企合作中的两个主体都可以充分获得信息，提升职业教育校企合作效率。

一方面向政府部门提供信息。我国职业教育目前还处于官办的状态，政府拥有职业学校发展所需的巨大资源，决定着职业学校未来发展走向。政府在制定职业教育校企合作相关政策时必须以掌握行业发展情况为前提，只有充分掌握行业发展信息，了解有关专业的基本情况以及发展前景，才能制定出具有针对性和实效性的政策。然而，由于政府与行业企业之间存在信息不对称现象，教育行政主管部门对于行业企业的用人需求并不十分了解，同时，市场瞬息万变，也增加了政府对行业发展信息全面掌握的难度。因此，政府在制定相关政策时难免会出现误判。职业教育校企合作宏观决策是一个错综复杂的过程，科学的宏观决策必须以准确的信息为依据。行业组织能准确掌握本行业的人才供求现状、未来发展状况等信息，可以以专家的角色参与进来，利用自身的优势，通过组织业内专家，定期开展行业技术和人才需求情况调研，全面收集行业相关信息，形成有价值的研究报告。通过调研、分析等方法从不同角度向政府提供较为权威的数据资料，并通过对数据资料的分析给出基本结论和建议。同时，向政府反映职业学校的意见与呼声，提高政府相关政策法规的针对性和有效性，为政府教育部门及时制定职业教育政策提供有力保障。

另一方面向职业学校提供信息。目前我国职业学校存在盲目开设热门专业的现象，以至于这些专业的毕业生难以就业，但是，与此同时，有些行业却由于缺少技术技能型人才，出现人才荒，造成这一现象的根源之一就是校企双方的信息不对称。在现行办学体制下，只有充分发挥行业组织的信息功能，才能真正解决校企合作信息不对称的问题。一些国家的行业组织一直将自身的信息功能发挥到最大，努力为职业教育发展服务。例如澳大利亚新南威尔士州的行业组织就定期发布行业技术需求状况，向职业学校提供最新岗位的技能要求、劳动力现状与需求量，并在本州技术与继续教育学院的专业设置、教学方案的调整过程中，为相关职业学校提供大量的行业企业信息作为参考。我国行业组织也可以向职业学校传递行业宏观调控目标和政策措施，提供行业发展相关动态，将人员标准和人员结构等需求信息反馈给职业学校，使学校及时掌握行业信息。职业学校依据行业组织提供的有关资料与数据，了解行业对人才规格的要求，调整专业方向，修正教育教学模式与内容，在职业学校教学活动中注入行业发展的新成果，并把行业标准转化为人才培养目标。这样才能有效地指导职业学校培养适合岗位的人才，缩小人才培养与社会需求之间的差距，提高人才培养质量。

（2）强化协调功能

行业组织作为独立的第三方组织，能够在校企合作治理中的政府、学校、企业等主体之间发挥很好的协调功能，起到润滑剂作用，调节多重治理主体之间的冲突和矛盾，稳定相互之间的关系。

一方面协调职业学校和企业之间的关系。在所有教育形态中，职业教育是与经济社会发展联系最紧密的教育类型，校企合作是举办职业教育的出发点。当前我国职业学校与产业发展结合不够紧密，校企双方很难在同一层面上形成有效的沟通从而达不到理想状态，行业组织作为治理主体参与不足是一大原因。在当前的职业教育校企合作中，一般来讲，职业学校都非常渴望得到更多的合作机会，而企业的热情不高。企业作为独立的经济个体，在市场中面临激烈的竞争，所以必须以最大限度获取经济利益为导向，处理与外部其他社会主体的关系。当与学校进行产学合作的时候，企业首先要考虑投入的成本与获取的收益之间是否成比例，也就是是否获得最大化的经济效益。如果企业认为参与职业教育校企合作影响到自己的经济效益，一般是不愿意与职业学校合作的。例如，职业学校的学生到企业中实习或实训时，企业要花费时间和人力对学生进行指导和训练，这在一定程度上会影响企业原先正常的生产活动，再加上相关激励政策缺位，企业参与校企合作的积极性自然难以提高。由于学校与企业利益无法达到均衡，同时，双方难以实现及时有效的沟通，因此，主动寻求与职业学校长期合作的企业越来越少。行业组织的参与能够极大地改变这一现状。由于行业组织是同行业大多数企业的利益代表，得到大多数企业的认同，行业组织能够从企业发展的长远利益出发，将企业参与职业教育校企合作的重要性和未来收益告诉企业，取得企业的认同和理解，从而最大限度地激发企业参与职业教育的使命感。现代职业教育治理体系的建立，要求把行业组织作为治理主体纳入职业教育领域，充当协调者的角色，成为企业与学校间的重要纽带，协调和理顺职业学校与企业的关系，加强学校与企业间的广泛交流与深度合作，实现学校与企业的零距离无缝对接。当职业学校在与企业交往过程中出现摩擦、争论、冲突时，行业组织能够以中间人的角色进行评议、公证与调和。可以说，行业组织的介入能在一定程度上缓和双方的关系，使校企之间的关系由松散到紧密，由被动到主动，由消极到积极。行业组织在学校与企业之间架起一座桥梁，消除两者间的隔阂，缩短职业学校与企业的距离，较好地实现产业结构和职业学校人才培养结构调整的同步，从而推进职业教育校企合作治理模式的构建。

另一方面协调职业学校与政府之间的关系。现代职教治理体系要求完善公共职业教育服务，认为职业学校与政府间应该是相互联系、相互沟通的关系，要求改变传统"政府—学校"模式下政府直接干预职业学校内部活动的局面。我国政府是职业教育的主要宏观管理者，指导着本地区职业教育宏观发展战略。长期以来，在政府和职业学校的关系上，都是政府单向操纵的封闭体系，社会力量基本上被排除在管理决策之外。同时，由于政府机构的庞杂性使其不可能从专业化角度指导职业学校的发展，政府对于职业学校人才的种类、规格、培养内容、方式、程序等方面难以完全掌握。因此，就需要一个相对独立的第三方机构，来代替政府部分职能指导职业学校发展，进一步缓和政府与学校的关系，这也体现了职业教育基本规律的要求。行业组织可以很好地承担起协调职业学校与政府之间关系的任务，因为它既不是政府机构，也不是企业，而是社会第三部门，具有中介性质，这种中介性决定了行业组织能够比较公平、公正地协调好双方之间的复杂关系。行业组织作为本行业的专业性组织，对于行业未来发展最清楚，最具有发言权，能够站在较高的位置把握全行业的发展前景和动态，帮助政府在职业教育校企合作治理中合理决策。同时，行业组织承担了政府有关职业教育的技术性与操作性的职能，广泛参与职业学校评估、职业教育咨询与职业资格考核等活动。因此，行业组织作为专业性的第三方缓冲机构，使得政府对于职业教育校企合作的直接指导变成间接指导，从而既能保证政府的宏观引导，又能充分发挥职业学校的活力，构建起符合现代职教治理体系规律及要求的新型政校关系。

3.推动行业组织参与校企合作治理的渠道

（1）参与改革人才培养模式

人才培养模式是我国职业学校办学的关键环节，也是薄弱环节。针对当前人才培养模式中的弊端，行业组织应该积极联合职业学校建立人才培养的新机制，参与职业学校人才培养模式改革的全过程。根据企业提出的用人标准，行业组织与职业学校共同设计人才培养方案，细化人才培养的目标和要求，采用工学结合的方式，不断创新人才培养模式。同时，充分发挥纽带作用，由行业组织牵头会员单位进行订单式人才培养，毕业的学生由行业组织内的会员单位共同接收，从而保证人才需求的持续性，避免因个别企业经营变动带来的不能履约问题。教学是职业学校工作的主线，教学改革是人才培养模式改革的核心。行业组织应该借助自身行业背景，深度参与职业学校教学改革，包括参与教学目标的定位、教学计划的制订、教学形式的修订、教学内容的完善与教学评估的实施等环节。同时，行业组织应该协助职业学校研究教学标准和职业标准的衔接，并将职业标准有机地融入教学进程中，实施学习与岗位相结合的教学模式，缩短学生培养与职业岗位要求之间的距离。另外，行业组织应该牵头成立专业教学指导委员会，定期召开教学指导委员会会议，论证教学培养方案。成立教学任务分析工作组，对岗位需要完成的任务进行分解，在此基础上，制订出有针对性的教学方案，安排教学任务。当前，职业学校教学投入不足，尤其是实训场所及实训设备短缺，从而制约了人才培养质量的提高。解决这个问题的根本在于改变以往传统人才培养模式，借助行业组织的力量，引导学校与行业企业合作办学，充分利用企业和职业学校两种不同的教育环境和资源，最大化地激发资源的使用效率。行业组织鼓励会员企业提供实训教学资源，职业学校利用企业的资源组织学生参加实习训练，增加学生参与生产实习和社会实践的机会。行业组织参与校企合作管理，优化资源配置，从而做到优势互补、共同发展，有力推进职业教育人才培养模式的根本性转变。另外，行业组织通过产业调研，掌握企业岗位的需求情况，分析行业发展动向及趋势，了解行业对人才的要求，获得从业岗位对人员结构、人员标准等需求信息。在此基础之上，行业组织将行业发展动态相关信息提供给学校，使得学校能够灵活及时地调整培养目标及教学目标，摸准行业未来发展走势，为行业发展有针对性地培养技术技能型人才。

（2）参与完善课程体系

课程既是实现职业学校人才培养目标的手段，也是培养过程的核心环节。职业学校要提高学生的综合职业能力，就必须从课程的角度入手，进一步完善课程体系，让学生获得将来从事实际工作所需的技术和实践经验，能更好地胜任岗位工作。当前，职业学校课程体系依然没有突破学科课程的束缚，"在课程方案开发方面，现状主要是由学校教师和课程理论工作者来承担。受开发人员特定角色的限制，课程内容的设计与编排远未跳出学科体系的藩篱，因而在这一传统观念束缚下编写的教材始终不能适应职业工作的需要"。职业学校的课程体系是一个开放的系统，在形成的过程中不能闭门造车，需要学校和企业共同参与，因此，职业学校和企业进行良好的合作是课程开发取得成功的关键因素。然而，由于企业极少从校企合作课程开发中直接受益，企业主动参与课程开发的意识不强。同时，校企双方在课程开发的过程中，彼此的时间、资源难以协调，这进一步影响了双方合作的积极性。由于行业组织具有中介者的天然属性，因此，引入行业组织是职业学校课程改革取得突破的必由之路。这要求行业组织快速从课程无关者的角色转变为课程参与者，摒弃以往课程开发范式中职业学校单一开发的弊端，构建多方互动联合开发职业教育课程的机制，这也是我国职业学校课程改革的重要方向。行业组织成为职业学校课程开发的重要参与者，在很大程度上决定着职业学校课程开发的效果。由行业组织主导，构建校企合作课程开发机制，行业组织协调企业专家、教师及职业学校之间的矛盾，为课程开发工作提供全方位支持，保证课程开发工作朝着有利的方向进行。行业组织还可以为课程开发提供咨询，针对岗位中需要完成的任务进行分解，确定岗位的具体工作内容。同时，行业组织可以参与课程大纲与课程标准的制定，组织专门人员编写行业通用性教材，对典型工作任务进行细化，对工作过程、工作要求、工作方法与工作内容进行分析。在实训课程方面，行业组织也有责任和义务编写和修订实训指导书，从学生的技能培养要求出发，加强实践教学的比重，规范课程实训实习环节，拟订实训大纲，结合国家职业技能鉴定的要求，确定实训内容，重视对学生动手能力的培养。

（3）参与推动科技研发

科研工作和教学工作都是职业学校办学系统的重要组成部分。长期以来，职业学校的科研价值并未被社会各界充分认识，甚至存在部分误解，认为职业学校不需要开展科研活动。然而，其他国家职业学校的长期办学实践说明，职业学校不仅需要科研，而且需要做好科研，只有做好科研，才能进一步实现职业学校的价值，推动职业学校办学水平的不断进步。但是，必须指出的是，对职业学校来讲，科研活动不是研究型大学所从事的基础性研究，职业学校科研定位应以应用型研究和开发型研究为主，面向社会实践第一线，注重解决生产中的具体技术问题，开展技术服务，结合所属行业开展实用性科技研究开发。当前，我国职业学校真正面向企业开展的技术开发、成果转化等科研项目相对较少，研究成果表现形式以论文为主。另外，职业学校科研活动分散化、个体化的现象比较突出，多为教师个体与企业开展的零散合作研究，长期稳定的校企科研合作机制尚未建立。借助于行业组织力量，职业学校可以探索和建立产学合作科研体制。行业组织对行业内的会员企业有着强大的号召力，行业组织可以精选一批有实力与愿望的企业，联合职业学校共建技术资源平台，为职业学校引进企业的技术和设备资源，优化科研条件，为教师科研活动提供必备的基础设施。同时，行业组织可以凭借在信息、技术等方面的优势，搜集各种原始科技信息，并对这些信息进行挑选、整理和加工，定期提供给职业学校。借助于行业组织的服务管理功能，职业学校可以主动从生产第一线的实践中找项目，在行业组织的牵头下，校企双方共同成立项目合作攻关小组，形成以项目为纽带的战略同盟，进行横向联合与课题攻关。最后，在技术研究和开发取得阶段性成果之后，借助行业组织的力量，将成果向全行业推广，有效地促成科研成果的转化和应用，使职业学校校企合作科研真正产生实效。

（4）参与优化师资队伍

教师队伍是职业学校办学的核心主体，职业学校办学水平和综合实力的提升，关键还是要落脚到教师队伍建设上来。加强职业学校建设，必须建设一支结构合理、素质优良的师资队伍。职业学校对于教师专业技术应用和实际操作水平要求很高，教师必须熟悉产业技术工作的内容要求和操作流程，熟悉实践教学设备或生产设备的工作原理。对职业学校教师特别是专业课教师来说，在具备理论教学能力的同时兼具实践教学能力，能够把专业知识及操作技能融为一体，是对其职业素质的基本要求。有必要借助行业组织的力量，促进职业学校教师队伍的专业化水平提升。职业学校可以和行业组织协商，签订合作协议，明确双方的责任和义务，构建开放式职教教师培训体系，促进"双师型"教师专业化发展，努力打造一支高水平的师资队伍。行业组织可以安排行业内成员企业作为职业学校的实践基地，给职业学校提供教师实践岗位，根据青年教师专业发展和职业成长的规律，安排教师集中一段时间到企业进行生产实践，接受教师到成员企业挂职、顶岗锻炼。教师能够到生产第一线与工程技术人员交流，了解生产设备、工艺流程、岗位职责的知识，提升教师的专业能力和综合素养，以便于在以后的教学工作中能够更好地指导学生。行业组织还可以帮助企业组建兼职师资储备库，聘任行业内成员企业中有丰富实践经验的技术人员担任兼职教师，柔性引入企业中具有较强实践能力的高级技术专家、能工巧匠充实兼职教师队伍，同时注重对其教育教学能力和师德修养的训练，确保兼职教师队伍的整体质量和稳定性，促进教师队伍综合素质的提升。

4.激发行业组织参与校企合作治理的举措

行业组织是连接教育与产业的桥梁和纽带，行业组织是建设我国职业教育校企合作治理模式的重要力量。在密切教育与产业的联系，确保职业教育校企合作发展规划等方面，发挥着不可替代的作用。全面落实教育规划纲要，职业教育要围绕战略需求，充分依靠行业组织，密切校企合作，共同促进职业教育的规模、专业设置和人才培养更加适应行业企业的新要求。

首先，增强行业组织参与职业教育校企合作治理的主体责任意识。从法律上明确行业组织的职业教育校企合作治理责任。加强行业组织的组织能力建设，提升其参与职业教育校企合作治理能力。加快行业组织的去行政化改革步伐，完善法人治理机制，实行专业化管理。吸纳更多的专业性人才，制定《行业组织法》，明确行业组织的社团法人地位、性质、职能、手段以及激励措施等。

其次，政府需要着力培育和大力支持有条件的行业组织。建立行业组织参与职业教育校企合作治理全过程的工作机制。政府赋权给行业组织，把一些政府不该管也管不了的职能交给行业组织，赋予行业组织在职业教育校企合作治理中一定权力，完善行业组织的相关组织机构建设和规章制度建设。

最后，政府购买行业组织公共服务。这既是政府转变职能、满足公众需求的有效途径，也是重建政府与市场的关系、解决市场失灵问题的重要手段。建立行业组织参与职业教育校企合作治理的政府购买服务机制，明确谁来购买、购买什么、如何购买三个问题。政府是购买主体，行业组织是提供公共服务的承购方。政府严格按照规定以透明化的公平竞争、择优选择方式确定政府购买服务的承接主体。政府购买方式包括项目招标、直接资助、委托、政策优惠等，把适宜行业组织承担的职责交给行业组织。政府公布购买的服务项目、内容、对承接方的资质要求和评价标准等，按政策要求确定某个行业组织作为承接方，签订服务合同，在合同中明确服务的范围、资金支付方式、服务期限、服务数量与质量要求、双方的权利与义务、违约责任等。

（三）强化利益驱动

利益是维系校企合作良性运转的动力和纽带，利益为各治理主体参与职业教育校企合作及其相关活动的根本动力。在市场经济条件下，为激励合作各方治理主体长期有效合作，需要更多地关注利益。通过利益驱动多元治理主体参与职业教育校企合作及其相关活动，在利益博弈的过程中达到各治理主体间的利益契合，主动参与治理，实现利益最大化及治理能力最大限度地发挥，从而实现有效治理。职业教育校企合作治理实质是各治理主体通过利益博弈达到公共利益的契合，从而主动参与职业教育治理的过程。在校企合作过程中，各个治理主体都怀着自己不同的利益诉求寻求合作，寻求实现自己诉求的最佳合作路径。对企业来说，获利是其生存发展的根本任务所在，要解决校企合作难的困境，国家应当肯定和尊重企业在校企合作中的正当商业利益诉求，对企业进行合理补偿，以构建校企合作利益共同体。校企合作是否可以长期开展，最为关键的在于企业的利益能否得到保障或实现。只有切实保障校企合作中企业主体的利益，才能从本质上激发企业参与校企合作治理的积极性。校企合作不仅要站在国家和学校的立场强调其公益性，也应当正视企业的正当利益诉求，肯定和尊重企业正当的利益诉求。如果一味强调企业应承担的社会责任，而忽略了其经济利益的话，难以保护企业的切身利益，其结果将导致企业不愿参与校企合作。

1.企业参与职业教育校企合作利益的因素分析

《国家中长期教育改革和发展规划纲要（2010—2020年）》明确将调动企业参与职业教育的积极性作为职业教育发展的重要任务。通常来讲，企业参与职业教育校企合作利益来源于两个方面，一个是经济成本，另一个是经济回报。经济成本是企业在参与职业教育校企合作中直接或间接投入的经济费用，经济回报是指企业在参与职业教育校企合作中所获得的直接或间接经济收入。利益直接受到成本和回报的影响。

（1）经济成本

企业参与职业教育校企合作必定会产生相关的成本费用，可分为直接成本和间接成本两部分，主要包括交易成本、报酬津贴成本、管理成本和生产风险成本等。

交易成本。1937年，经济学家科斯首次提出交易成本的概念，指出交易的过程存在交易成本，交易成本包含寻找成本、签约成本和监督契约成本等。达成校企合作交易所花费的成本就是校企合作的交易成本，也就是校企双方在合作过程中可能发生的寻找、谈判、执行以及维护合约所发生的人力、物力和财力的消耗。查询相关信息寻求合适的合作对象要产生信息搜寻成本；初步选定合作对象后，必然要开展进一步沟通、协商等活动，会产生谈判成本；使合作按照合约约定顺利开展，通过必要手段监督合作方是否履约以及如何履约，也需要成本。

报酬津贴成本。学校、企业、学生三方就学生实习报酬签订相关协议，学生为企业提供劳动与服务，企业按照同岗位职工工资的一定比例支付实习报酬与津贴，甚至还包括安排食宿等费用。这部分成本是企业必须支付出去的，也是无法回避的。

管理成本。由于实习生大多缺乏工作经验，企业要对实习生的工作统一安排，由企业员工担任实训师傅，成为实习管理者与技能的辅导者，对学生进行指导，这些人工费用构成管理成本。同时，师傅给实习生讲授技能，进行指导，其工作效率必然会受到影响，这种损失也要算作管理成本。

生产风险成本。实习生可能出现操作失误，造成对设备的损坏和对材料的浪费，生产出的残次品，也有可能影响企业正常生产效率，降低劳动生产率，这都造成对人力、物力、财力资源的浪费。另外，如果实习生在劳动过程中出现意外伤害，相关的经济责任也由企业承担。这些都构成生产风险成本。

（2）经济回报

企业是典型的营利性组织，具有功利化特性。追求经济回报最大化是其参与所有活动的根本动力。校企合作中问题的根源在于包括学校在内的各方没有真正理解企业经济回报诉求，忽视了企业作为经济主体的特质，淡化了企业对于经济回报的追求。

企业参与职业教育校企合作的经济回报包括直接经济回报和间接经济回报。一方面是直接经济回报。进入企业的实习生能部分承担企业的生产任务，满足季节性用工需要。尤其是生产旺季，企业迫切需要大量临时性的劳动力，这时候，实习生能够缓解这一问题。在人员费用相同的情况下，企业劳动生产率更高，这相当于给企业带来直接经济收益。美国教育经济协会研究显示，"企业参与职业教育校企合作最基本的动机是获得廉价的劳动力，因为雇佣实习生比雇佣员工的费用更低，部分学生甚至会免费进行实习，这对于企业具有较大的经济吸引力"。另外，职业学校的教师能帮助企业解决技术难题，联合进行项目攻关，提升企业技术水平，从而为企业带来更多的经济收益。国外部分政府对于参与职业教育校企合作的企业进行直接财政补贴或者税收减免，这部分经济回报也是企业可以直接得到的，也可以看成直接经济回报。

另一方面是间接经济回报。间接经济回报是指企业所取得的非直接经济收入的回报，例如，通过校企合作，企业能够节省人员招聘费用，企业可以有更多的选择权来挑选优秀员工，雇佣到自己心仪的人才。这些人才生产出来的产品质量更高，劳动生产率也更高，能满足企业技术创新升级的要求，提高产品附加值，进而使企业获得更多的利润。根据德国企业的统计，用熟悉企业的学生，比从劳动市场上招聘的人员，工作适应期可缩短一半，降低人员使用风险，避免了因人员使用不当造成的经济损失和风险。保持从业人员稳定，减少因员工跳槽、改行等岗位频繁变动造成的经济损失。提高企业社会声誉，企业会因其声誉及其产品知名度而获得高额的市场回报。

对于企业来讲，无论何时何地，都不会忘记对于经济回报的追求，企业作为一个营利性的经济组织，它追求的是经济回报最大化。当履行教育责任要以牺牲经济回报为代价时，尤其是付出的成本远远超过经济回报时，企业就会犹豫不决，难以全身心投入校企合作。而如果在履行教育责任的同时也能给企业带来经济上的回报，或者付出的成本小于获得的回报，企业就有动力主动参与，校企合作才是可持续的。因此，有必要审视企业对于参与职业教育校企合作的利益诉求实质，并阐释其合理价值性。结合实际找出企业参与职业教育校企合作的利益点，并通过制度化、程序化的方法和手段，提高企业参与的积极性。

2.企业参与职业教育校企合作利益的激励路径

随着职业教育体制的改革，校企合作已成为技术技能型人才培养的重要途径。只有职业学校单方面的合作诉求不可能真正促进校企合作，仅依靠企业自觉自愿参与职业教育校企合作也是远远不够的，必须有相关的措施激发企业参与的动力，因此要给予扶持和鼓励。利益是驱动企业参与职业教育校企合作的重要因素，成本与回报是企业参与职业教育校企合作首先考虑的问题，也就是预期回报与预期成本影响了企业参与校企合作的决策。

首先，建立政府主导的成本利益补偿机制。在激励企业参与职业教育校企合作过程中，政府的作用是无可替代的。建立政府主导的企业参与职业教育校企合作利益补偿机制，形成具有中国特色的成本回报补偿体系。树立起为企业补偿的意识，满足企业利益需求，采取行之有效的措施消除企业的后顾之忧，引导、激励、控制企业校企合作行为，使得企业参与从自发变为自主，由被动变为主动。政府的财力支持是企业充分参与职业教育校企合作的有力保障，政府应该给予类似的政策倾斜。通过给予专项财政支持弥补成本开支，或者在信贷方面给予优惠，给予宽松的贷款，调动企业的积极性，保证企业愿意参与也勇于参与合作。澳大利亚政府为了更好地调动企业参与职业教育校企合作的积极性，主动承担了在企业实习学生的保险、福利等开支，减轻了企业的经济负担，还专门划拨资金设立了多种奖项，用于奖励在职业教育校企合作过程中作出突出贡献的企业。我国政府有必要在同级财政的教育资金中建立职业教育校企合作项目，将职业教育校企合作纳入公共财政预算范围，奖励参与校企合作的优秀企业。适当减免企业教育附加费，分担企业参与校企合作的经济成本。通过调查发现企业尤其是大型企业对提升社会知名度比较重视，政府有必要对积极开展校企合作的企业进行大力宣传，通过宣传提高企业的知名度和荣誉度，给企业带来潜在的未来的经济回报。

其次，设立职业教育校企合作发展基金。该基金可由政府投入原始启动基金，而后，对该地区所有企业按不同的营业额、规模等提取一定的职业教育校企合作基金，作为后续基金，对企业参与职业教育校企合作行为进行补贴和表彰奖励。在中央财政预算的教育经费中，要专门设立职业教育校企合作的预算，省级财政对中央财政涉及本级政府管辖范围内的重点支持政策，要给予一定比例的配套。可规定企业必须按照职工工资总额的一定比例提取职业教育经费，纳入校企合作专项基金，在财政预算中设立职业教育校企合作发展专项基金，只能用于支持企业参与职业教育校企合作。

再次，实行职业教育校企合作税收优惠政策。税收杠杆是激发企业参与校企合作的重要方式，确定对企业参与校企合作的税收优惠，综合运用税收、补助、贴息、担保等方法对于参与校企合作的企业给予减少税收的奖励。对足额提取职业教育基金的企业给予一定的税收减免，对未足额提取职业教育基金的企业则收取一定比例的罚金。企业接受学生实习发生的耗材费、企业师傅指导费、设备折旧费等，可计入生产成本，享受税收减免。应允许将企业投入生产性实训基地建设中的资本和设备，计入其生产成本，对企业捐赠的用于教学、实训等的设备免征增值税。根据消耗企业的材料费用和接收实习生数量进行财政补贴或税费减免。企业支付给实习生的实习报酬以及相关实习费用可以计入生产成本，予以税前扣除。对于投资于校企合作一些项目的资金借贷实行减息或是免息政策。对于提供稳定培训基地的企业，基地产生的收入应实施收入免税。对于提供实习实训的设备仪器的企业，允许企业用双倍余额递减法对固定资产加速折旧。另外，根据企业参与职业教育校企合作的程度来给予相应程度的税收优惠，如企业与学校签订合作协议情况，每一年度接收学校实习生的数量，支付实习生工资标准，是否设立专门的校企合作管理机构等。

最后，建立成本效益核算机制与奖惩机制。分析企业参与职业教育校企合作的效益，对其价值和成本进行计量，对其供给和需求进行预测，对其投入和收益进行分析，并制订补偿方案，明确补偿标准，确定补偿额度。同时，在明确校企合作责权利的基础上，科学制定评价标准，定期组织开展对企业参与职业教育校企合作的督导，对校企合作办学工作取得明显成效的企业给予表彰，并作为资金投入、政策优惠的直接依据。在奖励的同时，制定处罚性条款，确定处罚的主体、对象和方式，如果某个企业不遵从就对该企业施行处罚，对于逃避责任的企业给予明确的经济惩罚。

（四）完善评估监控

1.构建职业教育校企合作评估体系

评估是科学界定职业教育校企合作质量的指南针。通过构建评估体系，不断完善评价指标，从多维度对职业教育校企合作质量作出综合考评，并将质量评价信息反馈到职业教育校企合作的各个环节，倒逼职业教育校企合作提升质量。

（1）确定职业教育校企合作指标

构建职业教育校企合作评估体系首先必须确定校企合作指标的内容。指标的制定要充分考虑到学校和企业需要，考虑到时代变化，构建科学实用的职业教育校企合作指标体系来保障职业教育中校企合作的规范性、系统性、统一性与可评价性。我国著名校企合作评价专家、中山职业技术学院吴建新校长等学者，借鉴国际科技合作评价的研究成果，构建基于校企合作广度、深度、持续度和有效度的四维度分析概念模型，结合我国政策对职业教育校企合作的要求，建立校企合作评价指标体系，值得借鉴推广。

①广度。广度指校企合作涉及的范围和领域。从职业教育政策所提出的要求看，主要体现在合作主体的广泛性、合作内容的全面性、合作受众的普遍性三个方面。首先，我国职业教育政策明确规定校企合作是职业教育的基本模式，提出"引导社会力量兴办职业教育"，进一步明确"规模以上企业要设立学生实习和教师实践岗位""建立健全政府主导、行业指导、企业参与的办学机制""要求职业学校紧密依靠行业企业办学，各地区要积极探索

校企合作的新思路、新措施、新方法"。可见，政府、学校、行业、规模以上企业等社会力量都应参与职业教育，充分体现了校企合作主体的广泛性要求。其次，明确提出了校企双方合作的具体内容。联合办学、联合招生、改革传统人才培养模式、学生顶岗实习、教学质量评价、学生就业，共建"双师型"教师培养培训基地、技术工艺和产品研发中心、实习实训平台、技能大师工作室等，涉及人才培养的全部环节，充分体现了校企合作内容的全面性要求。最后，对校企合作开展学生顶岗实习和教师实践提出了要求。中等职业学校在校学生最后一年要到企业等用人单位顶岗实习，高等职业院校学生实习实训时间不少于半年，专业教师每两年必须有两个月到企业或生产服务一线实践，充分体现了校企合作受众的普遍性，涉及每一个职教学生和专业教师。

②深度。校企合作深度主要指校企合作向高级阶段发展的程度，其主要标志是合作中双方资源交流的程度，决定于企业参与程度。从我国职业教育政策的要求看，校企合作深度体现在企业投入资源、合作组织形式、合作协议以及企业作用与地位等方面：第一，"引导社会力量兴办职业教育"，鼓励行业企业加大投入。第二，国家政策明确要求职业学校就实习事宜与实习单位签订协议，以明确双方的权利、义务以及学生实习期间双方的管理责任，签订合作协议、严格按照协议执行也成为校企合作向高级阶段发展的特征。第三，我国职教政策明确发挥企业重要的办学主体作用。比如设立学生实习和教师实践岗位，企业要与学校共同组织好学生的相关专业理论教学和技能实训工作，做好学生实习中的劳动保护、安全等工作，为顶岗实习的学生支付合理报酬，形成以学校为主体，企业和学校共同教育、管理和训练学生的教学模式。在合作办学上，政策鼓励行业企业举办职业学校。可以看出，在校企合作的很多方面，政策鼓励企业发挥主导作用。

③持续度。持续度是指校企合作持续的时间。梳理相关政策文件，关于持续性的描述主要表现在促进校企长期合作的建议与措施方面。首先，要求以制度规范校企合作，以促进校企合作的持续开展。比如建立学校和企业之间长期稳定的组织联系制度，企业接收职业学校学生实习的制度，半工半读制度，职业教育教师到企业实践制度，职业教育兼职教师聘用制度，职业学校学生顶岗实习的管理制度等。其次，明确要求找准企业与学校的利益共同

点，建立校企合作持续发展机制，具体有联合办学、多元主体合作共赢的集团化办学机制等。

④有效度。有效度是衡量校企合作效果的维度，即校企合作给各参与主体带来的成果或效益。首先，反映教育目标的实现程度。通过校企合作突出学生实践能力和职业技能的培养，明确将毕业生就业率与就业质量、"双证书"获取率与获取质量、职业素质养成等方面作为评估人才培养水平的重要指标。其次，实现企业的利益需求，即满足其对应用型人才的需求和对技术创新的需求。最后，实现政府追求的公共利益，提高人才的适切性，促进就业和经济社会发展。

基于上述对校企合作四维模型的界定与分析，建立三层次的校企合作评价指标体系，运用层次分析法从校企合作广度、深度、持续度、有效度四个维度对校企合作现状进行分析与评价，基于四维分析模型设置校企合作广度、深度、持续度、有效度4个一级指标、13个二级指标、27个三级指标。如表3-1所示。

表3-1 校企合作四维评价指标体系

目标层	一级指标	二级指标	三级指标
校企合作四维评价	校企合作广度W1	合作主体广度S1	专业的合作企业数X1
			企业的合作学校数X2
			专业覆盖率X3
		合作内容宽度S2	合作内容的项数X4
		合作受众参与度S3	在合作企业参加顶岗实习学生比例X5
			一线挂职连续三个月以上的专业教师比例X6

目标层	一级指标	二级指标	三级指标
校企合作四维评价	校企合作深度W2	企业投入资源S4	企业投入资源种类X7
			企业投入资源数量X8
			企业投入方式X9
		契约型合作S5	契约型合作比例X10
		企业主导性S6	企业主导程度X11
	校企合作持续度W3	校企合作持续时间S7	平均持续时间X12
			最长持续时间X13
		校企合作频度S8	项目合作频率X14
		校企合作的稳定性S9	稳定合作企业比例X15
		校企合作机制S10	校企合作管理与服务机构X16
			校企合作法规与制度X17
			校企合作机制运行效果X18
	校企合作有效度W4	校企合作满意度S11	学校满意度X19
			企业满意度X20
			政府满意度X21
		校企合作成果S12	具体成果数X22
			毕业生就业率X23
			毕业生双证书获取率X24
		校企合作收益S13	学校综合收益X25
			企业综合收益X26
			政府综合收益X27

表3-1所列指标内涵如下。

校企合作广度W1。校企合作广度由3个二级指标构成。

合作主体广度S1主要反映校企合作涉及面的宽广程度。一般来说，参与主体的数量越多，表明校企合作涉及面越广；反之，校企合作面越窄。本分析模型用专业的合作企业数X1、企业的合作学校数X2、专业覆盖率X3综合反映合作主体广度。

合作内容宽度S2主要反映校企之间合作内容的多少。前文述及校企合作育人的内容含专业建设、课程建设、师资建设、实习教学、能力评价、招生就业、研究开发七项。本分析模型就用合作内容的项数X4来反映合作内容宽度，合作的项数越多，说明校企合作内容越广。

合作受众参与度S3主要是指校企合作中师生的参与程度，一方面用在合作企业参加顶岗实习学生比例X5来表示学生参与度，另一方面用一线挂职连续三个月以上的专业教师比例X6来反映教师参与度。这两项比例越大，说明校企合作的受众面越宽，校企合作开展得越广泛。

校企合作深度W2。校企合作深度由3个二级指标构成。

企业投入资源S4反映企业投入资源的种类、数量和投入方式。先看投入资源的种类，从我国校企合作发展的历程看，企业参与合作育人，由浅入深，可以提供人力和信息、物质与资金、文化与战略3个不同层次的资源。这三种资源的投入，企业合作成本渐次提高……据此，将校企合作分为浅层、中层、深层三个不同的层次。另外，企业投入规模越大，表明双方合作越深，合作阶段越高级；反之，双方仍处于合作的初级阶段。投入方式一般有捐赠、共建共管和投资入股三种方式，在这三种投入方式中，企业对资产的权利逐渐增加，企业合作程度也进一步加深。捐赠是企业无偿转让资产的所有权和使用权，不再行使任何资产权利，这种合作属于浅层合作；共建共管一般是企业仍然拥有资产使用权和经营权，但不享有分配权，属于中层合作；投资入股在共建共管的基础上，还增加了以资产份额享有分配的权利，此乃合作的高级形式。因此，本模型用企业投入资源种类X7、企业投入资源数量X8、企业投入方式X9来衡量企业投入资源。

契约型合作S5指建立在书面契约基础上的校企合作，该指标主要能反映校企合作的法律规范性。在契约的规范和约束下，合作双方具有确定的责任、义务和权利，相对于非契约型合作，契约型合作是一种高级形式。因此，用契约型合作比例 X10 来衡量契约型合作的普及程度。

企业主导性 S6 指合作时企业主导作用的强弱。用企业主导程度 X11 来表示，企业主导作用越强，说明校企合作程度越深，合作形式越高级；反之，合作处于初级阶段。本模型针对校企合作的七项内容，就企业主导作用发挥的程度，分为三种表现形式，即学校主导、校企共建、企业主导。企业主导的合作乃高级阶段的深层合作。

校企合作持续度 W3。校企合作持续度含 4 个二级指标。

校企合作持续时间 S7 下设两个指标。其一，平均持续时间 X12 用所有合作单位合作时间的平均量来表示，主要反映持续时间的普遍现象。其二，最长持续时间 X13 用与学校或专业合作最稳定、最长久的企业的合作时间表示，这是一个典型数据，主要反映长期校企合作的典型时间状态。

校企合作频度 S8 是一个稳定性的指标，用项目合作频率 X14 反映合作期间双方各项目相互合作的次数，次数越多，合作频度越大，合作越稳定、越深入。

校企合作的稳定性 S9 也是用来反映校企合作稳定程度的指标。接纳学生实习是最重要的校企合作项目，本模型认为企业每年都能接收合作学校一定规模的学生参加顶岗实习是稳定合作的重要指征，因此，用能每年为学生安排顶岗实习岗位的稳定合作企业比例 X15 来表示校企合作的稳定性。

校企合作机制 S10 是一个影响校企合作持续稳定开展的重要因素，因此，也将其纳入持续度范畴考虑。下设 3 个三级指标，从校企合作管理与服务机构 X16、校企合作法规与制度 X17、校企合作机制运行效果 X18 三个方面考查分析其完善性。校企合作机制越完善，越能促进校企合作的持续开展。

校企合作有效度 W4。校企合作有效度含 3 个二级指标。

校企合作满意度 S11 主要反映各合作主体对校企合作的满意程度，因此，用学校满意度 X19、企业满意度 X20、政府满意度 X21 分别反映不同主体的满意度情况。

校企合作成果 S12 主要用校企合作期间双方合作取得的具体成果数 X22、毕业生就业率 X23、毕业生双证书获取率 X24 三个指标来衡量。

校企合作收益 S13 根据校企合作各主体不同的利益诉求，用学校综合收益 X25、企业综合收益 X26、政府综合收益 X27 衡量。

（2）完善职业教育校企合作评估机制

建立科学有效的评估机制是保证各方主体履行自身职责、充分发挥自身作用的必然要求，也是调动各方主体主动性、挖掘办学潜力的必要手段。我国校企合作未能形成多元治理主体参与的社会化评估机制，评价主体单一，影响了评估过程的科学性和客观性，使得评估过程未能发挥其应有的作用和价值。因此，应完善校企合作评估机制。成立评估机构，确定评估机构成员，制定校企合作质量评价框架，建立评价标准，明确有关指标，改进评价标准，改善评价方式与流程，形成以校企双方为核心、行政部门为主导、社会广泛参与的评估系统，这样才能使校企合作项目更好地开展。在这个过程中，应该发挥行业组织的作用，行业组织作为第三方机构，由行业组织与政府、企业、学校联合组成评估委员会，搜集评估信息，制定质量评估指标体系，建立行业组织牵头的多元化评估机制，按照行业标准对职业教育校企合作教学活动和人才培养质量予以评价，保证评估的信度和效度，并将评估结果向社会公布。从而便于职业教育校企合作调整教学规划、教学内容和教学方式，使职业教育校企合作的教学活动更加接近企业的要求。另外，学校和企业共建校企合作评估小组，由学校的管理人员、教师以及企业管理人员和技术人员共同组成，对校企合作工作在细节上进行考评。对企业、学校在校企合作中的行为、作用与效果实行满意度测评，形成更系统化的质量保障和改善策略，为校企双方制定内部计划和作出决定提供可靠信息，确保校企合作工作的有序高效。

（3）建立校企合作评估反馈机制

评估不仅要注重过程，还要重视结果。反馈作为一种制度性安排，可以实现评估"回应"的制度化、常态化，避免"作秀"。评估的推进需要形成有效的反馈，对学校在合作方式上提出要求，同时也将这种要求以积极主动的方式反馈到企业，促进企业根据学校的要求改变参与校企合作的方式。评估方以评估结论为依据，树立评估反馈导向，向各个被评单位反馈并提出需要改进和完善的意见。评价结果由政府部门向社会各行业发布，并作为各单位绩效考核的重要内容之一。另外，将评估结果作为奖惩依据，督促校企合作双方持续改进。将评估考核结果与奖惩结合起来，对参与校企合作成绩突出的企业，可在项目申报、税收减免、技术改进、评比表彰等方面实行政策倾斜，对不积极参与的企业提出整改意见并进行跟踪，在媒体公示，以激励、引导企业积极参与合作。

2.构建职业教育校企合作监控机制

校企合作治理是各利益相关主体的共同治理，每个利益相关者都有参与监督的权利。应建立校企合作多元监督机制，实现各治理主体参与校企合作监督的长效机制。鼓励社会积极参与治理，确保治理过程得到社会广泛监督，让除政府部门之外的社会团体、行业企业、学术机构等社会组织有权参与其中，形成外部各利益相关主体共同参与的监督机制。为了实现校企合作治理的长期发展，应该建立各级校企合作监督机构，只有具备专业化的机构，才能进一步明确合作双方的责任意识，让合作更持久。有必要从国家和地方两个层面建立职业教育校企合作监控机制，在国家层面应该建立校企合作监控部门，其成员由教育部、人社部以及其他相关部门组成，同时，全国各省市要及时建立相应的校企合作监控机构，及时落实国家教育部门的政策法规，做好校企合作办学的监督工作。各级管理部门要结合当地教育的实际情况，积极参与到校企合作工作中去，切实做好监督工作。明确企业和职业学校各自应承担的责任和需要履行的义务，对各方的权利、义务以及违约责任落实情况进行监督。

与此同时，职业教育的行业性使得对职业教育校企合作的监管不能仅仅依靠政府，而是需要政府和行业组织的合理分工，尤其要充分发挥行业组织对于校企合作的监管功能，这既符合我国国情又符合职业教育的规律。如教育部原副部长鲁昕指出的那样，要努力将行业部门、行业组织、行业专家作为宏观管理的依靠力量。校企合作中行业组织的监管功能是指行业组织作为第三方组织，运用特殊身份，借助其专业性，指导职业教育校企合作过程，评估职业教育校企合作质量，力图提升职业教育校企合作水平，保证职业教育校企合作运作效率。行业组织对职业教育校企合作办学活动进行监督和调控，保证职业教育校企合作办学的规范性与效率，并将监控结果反馈给政府部门，为其教育决策提供参考。纵观世界各国，德国政府以法律形式明确了行业组织在职业教育校企合作监控系统中的地位，德国行业协会下设的考试委员会、教育委员会等多个委员会对职业教育校企合作过程进行全方位监控。因此，我国职业教育校企合作在监控体系建设过程中，应该借助行业组织的力量，发挥行业协会的优势，提升监控效率，完善校企合作的目标监控、过程监控、效果监控等全方位监控体系，使得行业组织成为职业教育校企合作外部质量保障体系的主体，并且逐步建立以行业为主导，对接职业岗位标准的职业教育第三方监控体系，促进职业教育校企合作质量的提高。

第四章　行业协会参与现代职业教育治理创新

第一节　加强行业协会组织能力建设

行业协会的内在资源是决定其在网络型治理结构中拥有权力大小的重要因素，因此，达成行业协会参与现代职业教育善治目标，最为关键的是提升并充分利用行业协会内在资源，亦即加强行业协会的能力建设。

一、增强行业协会参与现代职业教育治理的主体责任意识

行业协会要深化对自身地位与作用的认识，明确自己作为社会组织应该承担的经济与社会使命，深刻认识其应该在职业教育治理中发挥更大作用，真正代表全行业职业教育利益诉求。行业协会参与现代职业教育治理，需要明确参与职业教育治理既是服务于企业会员，满足其对于技术技能型人才的需求，将企业的人才规格与质量需求反映给社会与职业学校，同时也是承接企业会员转移其所应该承担的社会责任。参与职业教育治理是一种社会责任，这种责任具有较为丰富的内涵，首先体现为经济责任，高质量职业教育提供的合格技术技能型人才是一种人力资本，直接影响企业的生产与经济效益；其次体现为法律责任，企业的可持续性发展需求从法律上明确了行业协会的职业教育治理责任；最后，当行业协会超越外在的经济驱动与法律制约自主自发参与治理时，这种社会责任体现为一种更高层次的关注公共领域的伦理责任与慈善责任。❶

二、吸纳人才，培养人才

提高行业协会领导者与工作人员的职业素养，培育组织精英，将更多的专业性人才吸纳到行业协会。行业协会是非营利性组织，组织运转的成功与

---

❶ 张为娜.职业教育产教融合"五链衔接"育人机制构建[J].职业技术教育，2024，45（32）：32-37.

否很大程度上取决于领导者与成员（组织精英）的能力。组织精英是组织活动中表现出来的具有较高职业素养与能力的人，一般在某行业领域内享有较高的声望与地位。行业协会精英借助个人魅力与才能，发挥领导作用，带领行业协会确立职业教育治理的目标、实施计划并确保其有效实施，使行业协会在职业教育治理中始终处于良性运行状态，特别是组织信息难以通过正式渠道进行有效传递时，通过双向支持与理解的人际互动建立起来的非正式交流显得尤为重要。因此，组织精英对于行业协会参与职业教育、提高行业协会在职业教育系统中的威望与社会公信力具有重要意义。行业协会的精英治理需要借助于协会领导者的个人魅力、影响力以及组织成员的专业素养等人格特征确保组织运作顺利开展。需要注意的是，行业协会的精英治理强调的是专业化管理，并非等同于魅力型治理。大力培育组织精英是推动行业协会参与职业教育治理活动的一个重要途径，可以从以下三方面着手：一是实行人事制度改革，改革行业协会领导人员由政府主管部门委派、任命的旧规，建立优秀人才选拔机制。采用公开招聘等形式，吸引行业内或者社会上热爱职业教育、具有职业情怀的人到协会工作，逐步实行协会人才来源市场化。二是优化工作人员的年龄结构与知识结构，完善专职工作人员的工资待遇、医疗、养老、职称等方面的政策与保障措施，吸引、留住优秀人才。三是创造进一步发展机会，提高工作人员的专业素质以及业务水平与能力。

三、加强制度化的规范管理

加强制度化的规范管理，使行业协会管理从"魅力型"走向"治理型"。不少学者认为，我国当前的行业协会更像一个"魅力型"权威组织，依靠领导者个人魅力与社交能力推动组织活动的顺利开展。但是随着组织壮大、公民意识增强以及法治社会的完善，行业协会必然要从精神特质走向规范化与制度化，完善组织的各项规章制度，形成具有核心竞争力的文化。借助奥尔森提出的"强制"和"选择性诱因"两种方法，确保治理行为依照规定而来，并对不规范、不作为行为进行有效惩处，对有贡献的行为进行名誉或者物质性奖赏，鼓励行业协会积极提供公共物品的意愿与实际行动；借助行业协会法律法规、章程等制度规范组织内部行为，使组织治理走向"法治型权威"，开拓其生存与发展空间。行业协会的精英治理与规范化管理是相互制约的。

四、推动行业协会自主参与职业教育治理

加快行业协会的去行政化改革步伐，推动行业协会自主参与职业教育治理。20世纪90年代国家开始探索行业协会的规范管理与制度构建，反映在20世纪末以来的相关政策文件中是"政会分开"改革思路的确立，即实行行业协会的职能、机构、资产财务与人员管理四个方面与政府行政部门彻底分开（简称"四脱钩"），回归其独立自主的非营利性社团组织身份。国家经贸委在《关于加快培育和发展工商领域协会的若干意见（试行）》（1999）中提出，行业协会应该遵循"自立、自治、自养""政社分开"原则，积极探索行业协会管理职能与模式。《关于促进行业协会商会改革与发展的若干意见（征求意见稿）》（2005）中提出"四脱钩"，一些经济发达地区，如广东和浙江等地取得了一些改革成效。《关于加快推进行业协会商会改革和发展的若干意见》（2007）重申了以"四脱钩"为核心的行业协会去行政化改革思路，《行业协会商会与行政机关脱钩总体方案》（2015）增加了"党建与外事等事项分离"，将"四脱钩"发展为"五脱钩"。这些改革成效较好，但是职能分离在某种程度上驶向单车道，政府将行业协会的行政管理职能收回，却没有将不属于自己的职能交还给行业协会。究其原因是职能边界划分不清，这成为当前职业教育领域中政府职能转移事项不明确、购买服务不甚理想的根源。因此，需要制定现代职业教育治理"权力清单"，在不同治理主体之间明确划分治理权力，尤其是政府职权既不能缺位也不能越权，将属于行业协会的权力还给行业协会。总之，政府与行业协会均应致力于"政会分开"的政策实施，实现政会分离，赋予行业协会自主发展权与治理参与权。

五、完善行业协会参与现代职业教育的治理机制

行业协会内部设立专门责任机构，逐步完善行业协会参与现代职业教育的治理机制。总体来说，我国当前行业协会存在法人组织机构不健全、章程虚置、治理规则供给不足、民主化运行程度不高等问题，制约着职业教育治理效果。因此，一是要在组织内部设立职业教育委员会或者技能委员会，专

门负责处理职业教育方面的相关事务，增强其参与职业教育治理的能力。例如，德国在行业协会组织内部有专门机构——职业教育委员会、考试委员会、仲裁委员会，负责职业教育培训活动。完善行业协会章程，将职业教育治理职责、激励、保障以及惩罚措施等列为章程重要条款，从行业协会治理结构、运行机制等微观制度构建入手，完善行业协会的法人治理机制。二是要遵循"自治、法治、制衡、民主"的基本原则，建立健全行业协会参与职业教育治理的会议制度和科学决策机制，实行决策与执行过程透明化，保证运作效率，使行业协会的职业教育治理活动步入制度化。

总之，行业协会要想在职业教育治理体系中获得合理地位，必须加强自身建设，改革治理结构与运行机制，优化内部人员结构，发挥自身的综合资源与信息优势，提升参与现代职业教育的决策咨询、管理与服务能力。

第二节　建设责任有限的服务型政府

行业协会参与现代职业教育治理主要涉及政府代表的国家权力与行业协会代表的社会权力之间的较量、平衡与合作，因此，构建责任有限的服务型政府有助于为行业协会参与治理解除来自国家方面的阻碍。

一、明确政府角色定位，建设责任政府

明确政府角色定位，建设责任政府。即具有责任能力的政府在行使管理职能的过程中，积极主动地就其行为对人民负责。责任政府体现了一种新的行政法理念，强调政府的责任能力。行业协会实现职业教育善治需要构建一个责任政府与服务政府。明确界定政府机构的职业教育责任，避免治理中出现政府缺位、越位的现象。责任所限即为权力之边界，明确了政府责任边界，解决了政府权力配置和职权行使问题之后，讨论治理的"多元""合作""民主""协商"才有坚实的基础，实现从"管制型"到"监管型"的转变，对职业教育的管理应该侧重于监管而非事无巨细地参与其中。❶

---

❶刘敏.新质生产力与职业学校人才培养模式之间的内在关系[J].山西青年，2024（20）：92-94.

二、深化政府公共服务意识与服务职能，建设服务型政府

服务型政府最早由德国行政法学者厄斯特·福斯多夫提出，作为管制政府的对应概念，反映了新公共管理理念下政府与公众之间关系的变化，政府以市场即公众需求为导向，提供满足人们合理、合法需求的公共服务；政府行使权力不是为了管制，而是为了提供更好的服务。进入21世纪，我国政府的公共服务意识与服务职能被逐渐强化。2004年《政府工作报告》中首次提出"建设服务型政府"，党的十六届六中全会进一步明确了"建设服务型政府，强化社会管理与公共服务职能"的目标；党的十八大报告重申建设"职能科学、结构优化、廉洁高效、人民满意"的服务型政府目标，并提出深入推进"政企分开、政资分开、政事分开、政社分开"的实现路径。强化政府的公共服务职能，需要转变管理理念，实行简政放权，把可以或者能够由企事业单位、社会组织承担的职能从政府职能中剥离出来，强化政府宏观调控与监管职能，减少微观活动干预，促进社会资源的高效利用与充分流动，以提供更好、更多、更高质量的公共产品和服务，推进公共服务均等化。具体到职业教育领域，一是明确职业教育是政府应该提供给国民的一项公共服务，提供高质量的职业教育不仅有益于经济发展、社会稳定，也是国民的一项社会福利；二是服务型政府的实现形式是基于权力分散化的多元治理主体的协同共治，行业协会作为经济类社团组织应该在职业教育产品或服务的提供中发挥中观层面的管理与指导作用。

第三节　完善行业协会的治理职能

治理职能承担是行业协会参与现代职业教育治理的落脚点，也是评价行业协会治理效果的基本点。

一、充分发挥行业协会的职业教育决策咨询职能

行业协会以组织身份或者行业协会组织成员以个体身份介入国家职业教育与培训的相关管理机构，参加国家职业教育相关会议，以提供咨询、建议等方式影响国家职业教育的相关法律法规制定与修改、政策出台、发展规划等宏观管理。一是中央与地方政府、企业行业、职业教育专家、学生家长及

社会各界都参与职业教育决策，形成多个决策中心，即职业教育决策主体多元化。二是为行业协会发挥决策咨询作用提供身份认可，充分给予其话语权并切实尊重、采纳其提交的职业教育培训咨询合理建议。❶

二、规范行业协会的职业教育管理职能

在职业教育的标准管理、证书管理与质量管理过程中，行业协会作为实施管理、监督的主体，主要有两种实现路径：一种是以德国为代表的直接管理模式，行业协会作为管理与监督职业教育的专门机构，全面负责各行业职业教育与培训，这是一种典型的强治理模式，行业协会在某种程度上发挥了准行政管理职能；另一种是以英国和澳大利亚为代表的间接管理模式，以行业人员为主构成的行业培训委员会、行业技能委员会和行业能力标准委员会之类的机构参与提供充分反映市场需求变化的职业教育培训。相比较而言，我国既不具备德国行业协会的职业教育治理传统，也没有英国和澳大利亚的国家资格框架和成熟的市场运作机制，在我们国家采取直接形式抑或间接形式，还是一个需要多方论证、在实践中摸索总结的问题。

三、提高行业协会的职业教育服务职能

我国行业协会应该集中精力解决好以下问题：一是集中行业专家与行业资源开展行业人力资源预测，制定行业职业教育和培训发展规划，为专业设置调整、课程开发、实践教学与学生实习提供技术专家支持。二是组织行业会议，定期开展行业技术和人才需求情况调研，出版行业发展报告；组织企业参加国内外学术交流活动等，搜集行业相关信息，以服务于学校人才培养工作，发挥行业协会的信息枢纽功能。三是搭建校企合作或产学研合作平台，展示学校科研办学成果平台，组织职业学校参加行业职业技能大赛，举办学校校长论坛、企业家论坛、国际研讨会等，实现资源交换，推进信息流动。特别是集中力量解决当前困扰国家职业教育与培训的问题，如为解决职业教育学校的学生就业、实习，教师企业实践问题，搭建广泛的线上与线下相结合的交流平台或者"一站式"服务平台，无论是有用工需求的雇主，还

❶卢凤萍，张骏."双智共驱"下旅游和酒店管理类职业教育教师创新团队建设研究[J].科技风，2024，（30）：148-150.

是为学生寻找实习与就业机会的职业学校抑或个人，均可通过该网络平台获取自己所需信息与帮助；在"一带一路"职业教育共建中，行业协会携手企业与职业学校走出去，与企校联手开展职业教育与培训，并将中国经验推广至沿线国家等。

第四节　确立市场化的治理运行机制

市场是一种有效的资源配置方式，受到现代社会青睐，成为现代经济与社会事务活动的首选。根据市场经济的规律与要求，按照企业化运营方式，充分配置内外部资源，从而实现自身效益的最大化即为市场化。市场无处不在，市场化运作已经突破经济领域，进入社会领域。现代职业教育治理活动的有效开展，既发生在市场环境之中，又不可避免地与市场化发生关联，因此，实现行业协会参与现代职业教育善治，需要引入市场化运作机制。目前我国行业协会参与现代职业教育治理活动的市场化运行主要集中在以下两个方面。

一、使用市场化机制配置社会整体教育资源

相较于普通教育而言，职业教育是一个成本投入需求更大的教育类型，据联合国教科文组织调查，职业教育是同层次普通教育投入的3.58倍。但是，纵观世界各国，职业教育的财政投入无一例外地远低于普通教育。使用市场化机制，一是可以发挥市场在资源配置中的决定性作用，广泛调动社会力量，引导更多资源流向职业教育；二是从成本—收益角度来考量职业教育资源的投入与产出，市场化运作可以提高有限职业教育资源的利用率，使同等投入获得较高回报，从而缓解教育经费短缺的问题。❶

二、以契约形式完成服务提供

政府以"购买服务"的形式将公共财政支出范围内的公共服务"外包"给行业协会，以契约形式完成服务提供。政府购买公共服务是一种典型的市场化运作，是将原来由政府直接提供的、作为社会公共服务的事项交给有资

---

❶杨薇.校企合作模式下思政教育的创新路径[J].中国军转民，2024（20）：83-85.

质的社会组织或市场机构来完成，根据其提供的服务数量和质量，按照一定标准进行评估后支付服务费用，即"政府承担、定项委托、合同管理、评估兑现"，这是一种新型的政府提供公共服务的方式。随着服务型政府的建设和公共财政体系的不断健全，政府购买公共服务将成为政府提供职业教育培训的重要方式。明确政府购买职业教育培训服务的种类、性质与内容，提高购买力度，加强对行业协会提供的职业教育培训服务的质量监管。需要注意的是，市场化运作仅是政府提供公共物品的一种方式，而非指职业教育的市场化。有学者对"市场化"提出质疑，认为我国职业教育面临着错综复杂的诸多问题，"市场化"并非明智选择，政府应当从战略高度承担起主要责任。诚然，市场是一种手段，市场化也需要制度的约束与保障，职业教育作为准公共产品而不放弃民主、公平的价值追求决定了政府仍是职业教育最为重要的责任主体。

第五章　基于制度逻辑的职业教育治理创新

第一节　推进职业教育经费投入的市场化改革

职业教育经费投入的市场化改革，主要是指在社会主义市场经济体制下，政府调动和引导企业、非国有部门以及个人等市场力量参与职业教育投资，以解决职业教育财政性经费投入不足的问题，加快化解职业教育发展与职业教育经费短缺之间的矛盾。从我国职业教育发展的现状来看，尽管政府对职业教育的财政投入逐年增多，但是仍不能满足职业教育快速发展的需求。在有限的财政性职业教育经费投入的情况下，我们需要进一步拓展职业教育的经费来源渠道，寻求职业教育经费投入的市场化改革之道，以缓解政府的财政压力，满足我国职业教育快速发展的需要。对于此问题，应从构建职业教育融资体系和赋予教育券融资功能两方面予以解决。

一、构建职业教育融资体系

在社会主义市场经济体制背景下，探索能够与财政投入、收费制度共同稳定支撑我国职业教育进一步发展的融资体系，是解决我国职业教育经费投入不足问题的可行路径。构建职业教育融资体系，其本质是消解计划经济体制下的教育经费筹措机制与市场经济背景下的教育发展之间的矛盾冲突，是促进职业教育经费投入市场化改革的有效途径。融资即资金融通。广义的融资主要是指资金由供给者向需求者运动的过程，包括资金的融入（资金的来源）和融出（资金的运用）两个方面。狭义的融资主要是指资金的融入，也就是通常所说的资金来源。狭义的融资概念，即为职业教育的发展融入资金。美国经济学家格利和肖提出："融资方式按照储蓄与投资的关系可以分为内源融资和外源融资，外源融资的方式分为间接融资和直接融资。"按照他们的理解，内源融资的资金来源主要是投资者自身的留存收益；外源融资的资金来源主要是投资者的股票、债券、银行贷款等，以此作为投入资金。

从我国职业教育的性质及其实际运转来看，职业教育融资中较为可行的路径应当是外源融资。究其原因就在于，我国职业教育作为一种教育类型，作为公益性教育事业的重要组成部分，其公益性大于营利性，它在校办企业、技术培训以及知识产权转让等方面所获取的收益不足以作为投资资金，需要寻求职业教育之外的资金以促进其发展。纵观我国政府颁布的法律法规可以发现，政府特别注重教育事业的公益性。譬如，《中华人民共和国教育法》和《中华人民共和国高等教育法》均特别强调教育的公益属性并明文规定不得以营利为目的。对于民办教育而言，同样也应强化它的公益属性。根据国务院办公厅《关于加强民办高校规范管理引导民办高等教育健康发展的通知》（2006年）和教育部《民办高等学校办学管理若干规定》（2007年）的有关规定，全国各省级政府都在积极推进民办高校年检制度，其主要目的均指向规范民办高校办学趋利行为，预防和化解民办高校办学风险，防止民办高等教育公益性的弱化。

总之，职业教育融资主要是指职业教育通过一定的方式向职业教育之外的其他经济主体筹集资金，以此满足自身可持续发展所需资金的一种活动。一个相对完善的职业教育融资体系至少包括以下三个组成部分，即职业教育的间接融资、职业教育的直接融资和职业教育的融资担保。

（一）成立政策性教育发展银行为职业教育间接融资

近年来，随着我国融资体制由政府主导型逐步转向金融主导型、职业教育规模扩大以及职业教育体制机制改革不断深入，金融体制介入职业教育融资的趋势越来越明显。在这一过程中，银行与职业学校的合作（简称"校银合作"）、教育储蓄、教育助学贷款等项目都需要设立与教育密切相关的专门的政策性金融机构。不仅如此，我国政府也在逐步明确政策性金融机构在公共产品供给中的作用。教育领域也应成立自己的政策性金融机构，即政策性教育发展银行，以此缓解财政性教育经费支出的压力。

政策性教育发展银行是政策性银行的类型之一。所谓"政策性银行"，是指由政府发起、出资成立，为贯彻和配合政府特定经济政策和意图而进行融资和信用活动的机构。1994年以来，我国政府为了更好地发挥金融市场在国民经济建设中的宏观调控和优化资源配置的作用，相继成立了国家开发银行、中国进出口银行、中国农业发展银行三大政策性银行。政策性银行不以营利为目的，专门为贯彻、配合政府社会经济政策或意图，在特定的业务领域内，直接或间接地从事政策性融资活动，充当政府发展经济、促进社会进步、进行宏观经济管理的工具。同理，政策性教育发展银行主要是指在特定时期，为弥补财政性教育支出不足而利用金融市场进行教育融资和信用担保的机构。它作为教育融资的有力手段，可以为校银合作、教育助学贷款等教育金融业务提供平台，规避商业银行因较高风险而不敢贷款给学校的现象，并且对商业银行的教育投资起到示范和引导作用。同财政预算拨款相比，政策性教育发展银行的资金使用是有偿的，因为其资金是向商业银行有偿筹集的，而财政预算拨款则是根据以收定支、收支平衡的原则无偿拨付给学校的。既然政策性教育发展银行的一部分资金来源于商业银行，它的资金运用又不同于商业银行的逐利性，因而政策性教育发展银行的资金来源以及资金的使用必然会产生缺口。为解决这一矛盾，政府需要建立财政补贴机制，对政策性教育发展银行所从事的低盈利、亏本性投资所造成的亏损及时给予补贴。或者说，政策性教育发展银行从事的教育投资亏损，应控制在财政所能补贴的能力范围以内。

政策性教育发展银行的资金仅仅依靠商业银行的投入是无法安全周转的，还需要政府应有的财政支持，因为该银行的成立在本质上仍然是一种财政投融资行为。财政对政策性教育发展银行的资金支持应体现为两个方面：其一，足额拨付资本金并提供经营资金。在起步阶段，政府应按照政策性教育发展银行金融业务发展所需的信贷资产规模，足额拨付资本金，资金比例应不少于商业银行的投入。其二，财政贴息支持，即将政府对该银行的财政贴息与该银行的资金投放紧密结合，并且由该银行统一管理财政贴息，从而保证其资金投放的安全周转。

总之，政策性教育发展银行的成立，既有助于教育资金的筹集，又有助于教育资金的运转，从而更好地发挥金融手段在教育投入方面的作用，较好地弥补财政性教育经费投入不足的问题。政策性教育发展银行的融资对职业教育的作用是显而易见的，特别是在当前职业教育财政性投入不足的情况下，这一举措无疑会增加职业教育的财政性经费投入总量和资金投入总量。

（二）利用债券市场为职业教育直接融资

教育债券是指学校按照法定程序发行债券并承诺于指定日期还本付息的一种直接融资方式。利用教育债券为职业教育融资，可以进一步拓宽职业教育经费来源的渠道，打破职业教育融资渠道单一化的格局。但是，从目前来看，我国职业教育领域尚未形成有效利用债券市场的优势来拓宽其经费来源渠道的局面。职业教育与债券市场的唯一联结渠道是，中央政府从债券市场上发行国债，而后从筹集到的国债资金中划拨一部分，再通过一定的分配机制下拨给各职业学校使用。例如，2009年福建省政府从地方政府债券资金中安排1亿元用于中等职业教育基础能力建设，并重点支持县级职教中心主体学校学生宿舍建设；2010年，云南省从75亿元债券资金中安排5.31亿元用于改善中等职业教育学校的办学条件。国债资金用于支持职业教育的发展，一定程度上解决了资金短缺的问题，但是从力度和数量上看仍有较大的拓展空间，因此，我们还要探索新的融资方式，进一步发挥债券市场对职业教育融资的独特作用。概言之，政府作为职业教育的主导者，可以利用以下三种债券融资方法。

其一，中央政府发行职业教育专项国债。由于我国中央政府发行的国债并没有明确用途，并且最终所筹集的国债资金由中央政府统筹使用，因此各利益集团为争夺使用国债资金而进行各种形式的博弈，都试图从国债资金中获得更大的份额，这就导致国债资金中用于职业教育发展的比例难以得到充分保证。中央政府发行专项国债是解决这一难题的有效途径，因为专项国债由政府作担保，不存在偿付危机问题，而且政府也会在利率、税收方面给予相应的政策优惠。因此，为确保用于职业教育的国债资金的稳定性，防止国债资金被挪用和挤占现象的发生，中央政府可以尝试发行职业教育专项国债，并明确其性质和用途。

其二，地方政府发行职业教育专项债券。地方政府债券，也称"市政债券"，指某一国家中有财政收入的地方政府、地方公共机构发行的债券。地方政府债券一般用于交通、通信、住宅、教育、医院和污水处理系统等地方性公共设施的建设。出于地方政府债务风险的考虑，我国政府于1994年颁布的《中华人民共和国预算法》明确规定地方政府不得发行地方政府债券。这一禁令一直保持到2009年。作为首期地方政府债券，新疆维吾尔自治区政府债券于2009年在上证所发行；2011年，财政部发布公告，决定代理发行黑龙江等省地方政府债券；2014年，国务院批准上海、浙江、广东、深圳等10省市的试点地方政府进行债券的自发自还。这意味着地方政府债券的发行朝着市场化路径迈出了实质性步伐。借此契机，地方政府可以根据本地区的具体情况尝试发行职业教育专项债券，以吸纳更多的社会资金用于职业教育发展。

其三，发行政府担保的职业学校债券。如果职业学校可以类似于企业发行债券来发行职业学校债券，无疑是职业教育融资的创新之举。发行职业学校债券的风险相对低于"中央政府的职业教育专项国债"和"地方政府的职业教育专项债券"，能够较好地满足职业教育投资收益的长期性需求。事实上，自20世纪90年代起，美国一些知名大学就已经开始了高等教育债券的探索，1996年美国发行债券的高校达到189所，发行总额达到41.40亿美元，2001年总额更是达到了187.00亿美元。那么，在我国社会主义市场经济体制背景下，发行由政府担保的职业学校债券是否切实可行？答案是肯定的。之所以如此断言，主要根据有两个方面。一方面，我国政府有能力发行政府担保的职业学校债券。从我国当前国债负担率来看，国际公认的国债负担率的警戒线是发达国家不超过60.00%，发展中国家不超过45.00%，我国的国债负担率一直很低，2014年为15.04%。这无疑为我国职业学校债券的发行提供了强有力的市场环境和资金保障。另一方面，发行职业学校债券是当前我国职业教育领域最佳的融资选择。金融市场的三大融资渠道是银行贷款、股票和债券。改革开放以来，银行贷款一度成为职业学校直接融资的最主要途径，但是由于种种原因，银行贷款不良资产比例高、风险累积，影响了融资效率，不适合大规模使用；同时，由于我国资本市场发展较晚，并且受制于职业学校产权结构改革进程，股权融资目前尚不可能成为我国职业教育直接融资的主渠道，因而在债券融资方面发行由政府担保的职业学校债券，应是一个既有益又可行的探索。

为了更好地发挥职业学校债券的融资作用，我们还要思考以下几点。第一，职业教育债券应该由国家教育部门面向社会发行。一般说来，职业学校债券的信誉等级要低于中央与地方政府发行的职业教育专项债券，这对于我国教育部门的信誉、偿还能力等都有较高的要求，而且我国职业学校尚不具备美国知名大学发行教育债券的实力和地位，即便是多所学校联盟的方式也不具备发行此类债券的能力。第二，确定合理的利率。职业学校债券利率直接影响发行主体的筹资成本以及承购者的购买欲望，因而确定合理的利率是职业教育债券能够顺利发行的重要前提。在确定职业教育债券的利率时，应根据市场资金供求变化情况，并以银行存款利率为参考，增强债券利率的弹性，逐步体现职业学校债券的信誉和安全的优越性。第三，设计合理的期限结构。我国职业教育应定位为公共性程度较高的准公共产品属性，这一属性决定了职业教育具有建设周期长、投资规模大的特点，因此职业学校债券应以发行中长期（如5～10年期）债券为主。

中央政府发行的职业教育专项国债、地方政府发行的职业教育专项债券、政府担保的职业学校债券三个部分组成间接融资体系。

探索市场经济条件下的金融体系与职业教育体系的合作关系时，涉及很多重大环节，其中之一就是作为金融中间载体的担保机构。正如尚和卡纳斯塔所认为的那样："当借贷双方具有不同信息时，担保可以提高贷款者对其预期收益的评估能力，即在理性预期信号传递环境中，担保可以充当一种附加的、间接的信号源。当借贷双方由于信念的差异对贷款项目产生不同评价时，担保也能够对合约的形成发挥重要作用。"在建立信贷配给关系的情况下，争取投资者的信任无疑是获取资金的重要手段，而且对银行等金融中介来说，解决借贷双方信息不对称问题更为直接有效的办法就是与借款者建立良好的关系。正因如此，在建立较为完善的职业教育融资体系的过程中，必须高度重视融资担保体系建设，以此改善职业教育融资环境，提升职业教育信用，化解融资风险。

1993年，中国经济技术投资担保有限公司拟作为国内第一家专业担保公司，由国家经贸委（现商务部）经国务院批准成立。该担保公司的成立标志着中国担保业开始起步发展。出于财政资金短缺等历史原因，整个行业发展不久就开始转向以商业性担保为主，但是这些新成立的商业性融资担保机构的运行机制并不完善，且没有适合职业教育融资的担保机构。实践证明，以营利为目的的商业性融资担保机构尽管在一定程度上提高了融资机构的资金可获得性，但同时也大大增加了融资成本，特别是随着近年来宏观经济下行，一些商业性融资担保机构风险爆发，商业性融资担保机构纷纷收缩其或停止开展融资担保业务，没有切实发挥担保作用。在此背景下，探索建立尽可能完善的职业教育信用担保体系，就成为一个重要的实践性课题。

2015年，国务院印发了《关于促进融资担保行业加快发展的意见》，该意见主要是为破解小微企业和"三农"等普惠领域的融资难、融资贵难题而制定的,是对我国现行的、以商业性融资担保为主的融资担保行业的一次重新定位。该意见的提出,对于职业教育融资担保体系的构建具有重要的借鉴和指导意义。其借鉴和指导意义就在于,在解决职业教育融资担保问题时,要大力发展政府支持的融资担保机构。这一过程的核心是发挥政府的主导作用,目标是快速建立起提供职业教育融资担保的服务体系。

其一,政府应扶持并建立一批适合职业教育的融资担保机构。融资担保是资金周期性的运用,此过程涉及国家的政策导向、职业学校的诚信评价、担保机构评审及其业务定位等诸多方面。既然如此,单纯依靠市场主体自发地形成职业教育融资担保机构的方式并不可行,因为市场主体的逐利性使其倾向于发展更为成熟和利润更高的领域,从而将职业教育排除在外。因此,当务之急是需要由政府牵头,扶持并建立起一批适合职业教育的融资担保机构。政府既要在宏观上对融资担保体系的建设有所把控,又要解决担保机构的商业模式可持续发展问题。同时,基于我国职业教育的办学体制和管理体制的实际情况,应以中央政府和地方政府为主,先期试点,条件成熟后予以逐步扩大和补充。例如,在银行与职业学校合作过程中,政府支持的融资担保机构作为资金的载体为职业学校提供担保,随着合作项目的增加,政府可以对各融资担保机构进行专业化分工,将诸如基础建设、专业设备和实践实训等方面所需资金分开担保,以降低因信息不对称而产生的道德风险,发挥各融资担保机构的专项担保优势。

其二,发挥政府主导作用,推进再担保体系建设。再担保是指为担保人设立的担保。当担保人不能独立承担担保责任时,再担保人将按合同约定向债权人继续提供剩余的清偿,以保障债权的实现。可以说,再担保是担保行业的"稳定器"。当前,受宏观经济下行影响,信贷风险不断暴露,从而导致担保代偿大幅增加,代偿压力持续加大,急需再担保体系发挥作用。借助中央财政资金的优势,建立政府、银行和职业学校联合支持的再担保基金,是支持职业学校发展和担保机构正常运转的重要环节。国务院《关于促进融资担保行业加快发展的意见》明确提出:"构建国家融资担保基金、省级再担保机构、辖内融资担保机构的三层组织体系。"这实际上就是新型融资担保行业的骨架或主体,其中最关键的当属设立国家融资担保基金,因为仅仅

依靠担保机构自身的风险补偿基金是难以为继的。●

二、赋予教育券融资功能

教育券最早由美国经济学家米尔顿·弗里德曼提出。教育券是政府将原来直接投入公立学校的教育经费按照生均单位成本折算以后，直接发放给学生或家长的一种面额固定的有价证券，代表一定数额的现金，学生可持该券选择任意一所政府认可的公立或私立学校并将之作为学费或其他教育费用，学校凭收到的教育券到政府部门兑换教育经费，用于支付办学经费。教育券赋予了学生充分的选择权，其目的是鼓励私立学校与公立学校之间的竞争，从而促进公共教育质量的提高，其实质乃是通过择校竞争行为来实现教育的公平与效率。在弗里德曼的设想下，由美国政府资助的教育券计划于20世纪90年代开始逐步推广，虽然教育券所蕴含的推进教育公平与效率一直是人们所追求的理想状态，但是目前美国只有少数州和城市正式明确实施该计划。例如，1990年，密尔沃基市实施了美国历史上第一个正式的教育券计划，此后，克利夫兰市、佛罗里达州、华盛顿特区等也相继实施了类似的计划。英国等国家根据自己的国情，在引进教育券制度时作了灵活调整，如按资助对象的不同，将教育券分为通用教育券、城镇教育券、弱势学生教育券和特殊教育券等形式。

2001年，我国浙江省长兴县首次实施教育券制度。长兴县教育局出台的教育券使用办法提出：为新入民办学校义务教育阶段的学生发放500元教育券，为新入民办学校职高班的学生发放300~800元的教育券。该县实施教育券制度之后，最引人注目的是当地职业高中招生人数激增。那么，长兴县以教育券代替现金补贴的办法，是否真正促进了当地职业教育的发展？有研究者通过调研指出，教育券仅仅是当地政府所采取的旨在增加职业学校、民办学校招生人数，扩大当地教育供给的种种措施之一，不能简单地将当地职业教育、民办教育的发展归因于教育券制度的实施，因而不能将教育券视为发展职业教育、民办教育的"灵丹妙药"。事实上，长兴县推行教育券的实质性意义在于，政府将市场竞争机制引入职业教育领域，促进公立、民办职业

●葛胜升."互联网+职业教育"背景下课程建设的创新与实践[J].汽车维护与修理，
2024（20）：44-47.

学校共同发展，同时承载着政府促进教育公平的理念。但是，在财政性职业教育经费投入总量有限的情况下，长兴县所实施的更像是一种变"暗补"为"明补"的"教育扶贫"政策，并非真正意义上的教育券制度。很显然，这种单一功能的教育券并没有解决职业教育经费短缺的问题，无非是让民办学校分享一份"财政性教育购买力"的喜悦。

只有政府赋予教育券融资的功能，才能真正发挥教育券在增加职业教育经费投入上的作用，才能真正促进职业教育的公平与效率，从而提高职业教育质量。之所以如此断言，其根据主要有二。

其一，弗里德曼设想的教育券是一种有价证券，本身就具有融资功能。有价证券是资本的运动载体，它具有两个基本功能：一是为经济的发展筹措资本，二是通过有价证券的发行与交易对资本进行分配。从财政学的角度来看，教育券筹集资金的功能就是通过债券市场的流动、交易来为教育融资，以弥补财政性教育经费的不足。教育券制度在国外的实践和我国的探索中，更多的是发挥了教育券的择校功能和促进教育公平功能，尚未有效地发挥教育券在教育融资方面的作用，这也是教育券并未在全球流行起来的原因之一。

其二，政府赋予教育券融资的功能，有利于吸引民间资本投入职业教育。作为"理性经济人"，投资者不论将资本投向哪里，总是为了回报。吸引民间资本投入职业教育领域的前提是允许其获取现金回报，否则不会引起民间资本投资的冲动。所以，"政府追加更多的财政教育经费，可能刺激民间办学投资的增加，有助于在全社会动员更多的资源投资于教育"，这一观点的实现必须以发挥教育券的融资功能为前提，否则就有些勉强。

在发挥教育券的融资功能、为职业教育融资的方式上，政府可以面向学生或家长发行用于职业教育的教育券，由"发放"变为"购买"。作为有价证券，教育券可以由政府委托教育投资机构作为发行者，面向入学者公开发行教育券，在合理的利率基础上，以政府税收为担保，募集资金。例如，政府可以委托政策性教育发展银行面向学生或家长发行教育券，以学生或家长"购买"教育券的方式取代原来政府"发放"教育券的方式，这一过程所产生的资金差额由政府原来用于教育券的财政资金作为补偿。

第二节　引导企业参与职业教育治理

企业参与职业教育治理是推进职业教育治理体系和治理能力现代化的重要一环。企业作为最重要的市场主体和最重要的社会力量之一，它的参与对职业教育治理具有十分重要的现实意义。我们从前面对治理理论和职业教育治理的论述中可知，企业的治理能力还不足以独当一面，只能以"参与者"的身份参与到职业教育中来。然而，企业在职业教育治理中的角色又是至关重要的，因为企业和职业教育之间是一种天生的"脐带关系"。正因为如此，《中华人民共和国国民经济和社会发展第十三个五年规划纲要》明确提出要推行产教融合、校企合作的应用型人才和技术技能人才培养模式，推动专业设置、课程内容、教学方式与生产实践对接，其途径是明确政府主体责任，科学制定政策和配置公共资源，广泛动员全社会力量。企业参与职业教育治理主要包括三个部分，即企业参与职业教育管理、企业参与职业教育人才培养和企业投入职业教育。具体而言，企业参与职业教育管理主要涉及职业教育的办学机制、管理机制、"双师型"教师建设和质量监管等方面；企业参与职业教育人才培养主要涉及制定专业培养目标、课程设置与开发、教材编写、教学实施、实训基地建设和质量评价等基本环节；企业投入职业教育主要是指企业的资金投入。从职业教育治理的现状来看，尽管企业在参与职业教育治理中已取得了一定的成绩，但是这种"参与"或"合作"仍有较大的提升空间，企业还没能有效地参与到职业教育的管理和人才培养中去，企业投入占职业教育经费总投入的比例也仍然很低。为此，我国政府应继续发挥社会主义市场经济在资源配置方面的优越性，以治理理念为指导，充分调动企业参与职业教育治理的积极性，大力推进职业教育领域的产教融合、校企合作。

一、企业参与职业教育治理的理由

从理论和实践两个角度来分析，企业参与和投入职业教育的理由可以归纳为以下四个方面。

第一，根据成本分担理论，企业应分担职业教育的成本。美国经济学家约翰斯通认为，教育成本应由政府、学生、学生家长和社会人士（捐赠）共同分担。教育是有投资、有收益的活动，满足了多个主体的需要，受益人包括国家、受教育者个人、纳税人（雇主）、企业、家庭、学校。根据市场经济的基本原则，谁受益谁付款，教育的成本就必须由这些主体分担。成本分担遵循两条原则：一是受益原则，即谁受益谁付款，受益方根据社会和个人收益的大小确定各自需要分担的份额；二是能力支付原则，即所有从教育中获益的人都应按其能力大小分担教育费用，能力大则多分担，能力小则少分担。职业教育成本分担是多方利益博弈的过程，也是各方分配权利和义务的过程。既然职业教育主体的责任和义务有主次轻重之分，那么国家作为职业教育最大的受益者，应该是职业教育成本的主要承担者。企业作为仅次于国家的受益者，理应承担必要的职业教育成本。

第二，根据企业社会责任理论，企业在职业教育发展中应承担社会责任，应积极参与和投入职业教育。企业社会责任是指在市场经济条件下，在企业的经济功能与社会功能相剥离的前提下，作为独立经济组织的企业有目的、有计划地主动承担对包括员工在内的利益相关方和生态环境的社会责任，其结果是企业在创造效益的同时，获得良好的公众形象和社会赞誉，进而提高企业的核心竞争力，实现企业、社会和自然环境的共同可持续发展。企业的职业教育责任属于社会责任，根据平克斯顿和卡罗尔对企业责任的四个层面的划分，企业的职业教育责任可以理解为企业的经济责任、法律责任、伦理责任和自愿责任在职业教育发展中的映射和反映，并且这四个层面责任的比重逐次变弱。由此可见，就企业的职业教育责任而言，企业在职业教育发展中应首先承担经济责任。从学校职业教育的起源来看，它的产生正是在机器大工业之后，企业为了实现利益的最大化，开始对员工进行培训，进而产生了现代语境中的学校职业教育。在这一过程中，企业将培养人才的责任转移给职业教育承担，但是企业与职业教育之间的分工并没有产生应有的效果，反而使二者逐渐分离。为改变这种局面，企业应承担起必要的职业教育责任，进一步加强校企合作。

第三，企业投入职业教育可以获取利润。公共选择学派认为，没有任何逻辑理由证明公共服务必须由政府机构来提供。职业教育作为一种公共服务，其产品属性应定位于公共性程度较高的准公共产品，因此政府应该在职业教育供给问题上承担主导责任。但是，这不代表政府应该完全承担职业教育供给责任，而是政府将可以由市场调节的内容归还市场。关于此，查尔斯·沃尔夫早就指出，对于市场与政府，我们并不是要在完善的市场与不完善的政府或者不完善的市场与完善的政府间进行选择，我们实际的选择是在不完善的市场和不完善的政府间的某种妥协。市场的基本特征就在于实现私人利益和追逐市场利润。因此，在政府引导企业参与职业教育办学过程中，是否有利可图则成为企业是否愿意参与的关键。

第四，企业与职业学校互为职业教育供给与需求的主客体。从职业教育供给的角度看，在校企合作中，职业学校既要为国家提供职业人才，又要为企业、社会提供培训或服务，这是国家赋予职业学校的神圣使命；企业既要与职业学校合作共同培养和提供合格的劳动者，又要为职业学校提供师资、实习实训基地等，这是企业发展的自身诉求。在校企合作的情况下，职业教育机构已经从学校扩展至企业，而企业也不再只是职业教育的消费者，同时也是职业教育的生产者。这意味着校企合作使得企业和职业学校都成为职业教育供给的行为主体。从职业教育需求来看，一是营利性企业对职业教育存在需求，要求职业教育培养的合格劳动者能够为企业带来利润，并成为企业未来发展的后备力量；二是职业学校对企业的兼职教师、实训场所、资金投入以及培训"双师型"教师等存在需求。这意味着校企合作使得企业和职业学校都成为职业教育需求的行为主体。由此可见，校企合作增加了企业和职业学校在职业教育供给与需求方面的相关性，超越了传统的企业作为消费者、学校作为生产者的局限，促使企业与职业学校互为职业教育供给与需求的主客体。因此，在企业与职业学校逐渐形成互为职业教育供给与需求的主客体的情形下，企业理应积极投入职业教育。

二、发挥正式制度与非正式制度的合力

如何引导企业参与职业教育的管理、人才培养和投入一直是政府加快发展职业教育所面临的重要问题。世界上绝大多数国家的职业教育发展强调企业参与和投入的重要性。如前所述，政府主导地位的实现方式是引导，这种引导包括正式制度的强制性引导和非正式制度的引导。

其一，以法律的形式明确企业在职业教育中的权利、责任和义务。政府

应在法律的框架下，建立企业参与职业教育的制度和章程，将企业参与职业教育的鼓励性政策与不履行职业教育义务的惩罚性政策相结合。例如，德国在"双元制"职业教育的运行中，企业的资金投入、优惠措施以及校企合作培养人才细节等方面都严格遵循法律法规的指导。德国政府于1971年颁布的《教育促进法》规定，所有国营和私营企业，无论是培训企业还是非培训企业，在一定时期内都须向该基金缴纳一定数量的中央资金；通常按企业员工工资总额的一定百分比提取，国家根据经济发展状况来不断调整比例，其值一般介于0.60%和9.20%之间。不仅如此，企业与国家各自分担职业教育经费并合作培养技能人才，企业必须按照德国《职业教育法》的规定，与接受"双元制"职业教育的个体签订公法范畴的职业教育合同，并根据《职业教育条例》规定的全国统一的资格标准及相关教学内容，进行基于工作（工作岗位、工作过程）的学习，培养学生的职业能力。这一经验表明，若要真正发挥企业在职业教育治理中的独特作用，就必须将校企合作作为衡量企业和企业家的标准之一，并以强制性的法律法规予以保障。

其二，借鉴其他国家的经验，适时制定并逐步完善吸引企业参与和投入职业教育的优惠政策。政府对企业的优惠政策，是政府引导企业参与和投入职业教育的重要方法之一。这些优惠政策包括企业参与职业教育的利益补偿机制、企业投入职业教育的税收减免政策等，以切实满足企业的利益需求。美、德、韩、日四国的经验表明，政府在不同时期，根据职业教育发展的现实需要，及时制定和出台的有利于增加企业利益的优惠政策，是有效激发企业积极参与职业教育人才培养和投入职业教育的持久动力。例如，韩国政府于1976年出台的《职业培训资金法》就明确规定，企业有责任对职业培训投入资金，所投资金享有免税权；日本政府于2000年出台的《产业技术力强化法》则强化了中央政府、地方政府、职业学校和企业等各方在产学合作、产业振兴中的责任。

其三，政府为企业和非营利组织搭建平台，充分发挥二者在职业教育治理中的"协动"作用。"协动"是不同种类、不同性质的组织为了达成一致的社会目的，在保持各自的资源、特性的基础上，以平等的立场协力采取行动。"协动"的要素有以下几点：各个主体享有共同的目标；主体自主、自律与平等；为了达成目标，各主体之间应各有偏重，相互弥补；各主体承担相应的责任；依据求同存异的原则，相互尊重各自的特点，达成目标。如前所述，当前一些国家的非营利组织在参与社会治理方面发挥着越来越重要的作用，而以政府牵头来搭建平台的形式促进企业和非营利组织的相互支持、承担与合作，不仅有助于发挥非营利组织的积极作用，而且有助于增强企业和非营利组织的"协动"作用。在探讨非营利组织提供公共产品或服务的独特作用时，常会用到"志愿失灵"理论。该理论认为，非营利组织本身也有缺陷，从而导致"志愿失灵"，然而，"志愿失灵"又可以通过政府来弥补，政府与非营利组织应该是一种伙伴关系。"合作理论"也认为，非营利组织在参与社会治理的过程中，虽然能弥补政府与市场在提供公共服务方面的失灵，但作用有限，必须与政府协力合作才能更好地发挥作用。因此，在企业参与职业教育治理的积极性较弱的现实背景下，较为可行的措施就是由政府牵头来搭建平台，将职业学校运行所需的基础设施、专业培训、课程开发或"双师型"教师培养等"共赢项目"，通过项目招标、委托的方式输送给企业和非营利组织，政府则以购买服务的方式来加强二者的相互支持与合作。在这一过程中，政府、企业、非营利组织和职业学校四者就形成了协作互补的局面，甚至可以说是"四方协动"的职业教育治理结构。❶

三、继续强化校企合作

国内外职业教育发展的实践证明，良好的校企合作关系是促进职业学校和企业双赢的必由之路。正因为如此，我国历次颁布的法律法规和政策文件中都强调企业参与职业教育的重要性，并将企业作为重要的协同治理主体纳入职业教育治理之中。例如，《国务院办公厅关于深化产教融合的若干意见》明确指出，要深化"引企入教"改革，支持引导企业深度参与职业学校、高等学校教育教学改革，以多种方式参与学校专业规划、教材开发、教学设计、课程设置、实习实训，促进企业需求融入人才培养环节。这对于推进当前人力资源供给侧结构性改革、深化职业教育体制机制改革以及创新各层次各类型职业教育模式都具有重要的指导意义。与此同时，在职业教育理论界，我国研究者从企业公民、利益相关者、契约精神和成本分担的角度对企

---

❶何红华.黄炎培职业教育思想背景下的新时期高职院校的实践与创新[N].安徽科技报，2024-10-11（16）.

业参与职业教育进行了系统的分析和论证，其理论性共识就是企业应该也必须担负起职业教育发展责任。

然而，当前我国职业教育领域不同层面的校企合作还多停留于表象，职业学校和企业之间的合作近似政府或其主管部门主导下的"拉郎配"式的联姻关系，缺乏真正意义上的深度融合和专项合作。随着政府、职业学校和企业等治理主体的治理能力和治理水平的提升，其利益诉求和利益博弈的情形也变得更加复杂化，这促使我们不得不更加关注利益相关者各自的行为逻辑，从多重制度逻辑的角度去分析职业教育治理过程中各利益主体的行为方式。

制度逻辑是指某一领域中稳定存在的制度安排和相应的行动机制，每一种制度场域都有其自身的行动逻辑，不同的逻辑强调不同的评价基础，强调不同行动取向的优先性。"制度逻辑是一套控制着特定组织域中各种行为的信念系统，也是一套组织原则，它为组织域的参与者提供了有关他们应该如何开展活动的指南。"当我们以多重制度逻辑的视角来审视当前我国政府及其主管部门主导的校企合作时，就会发现，当前的校企合作样态缺乏稳定性和持续性的重要原因之一，就是过度强化了政府的行为逻辑而忽视或轻视了职业学校和企业的行为逻辑。职业学校的行为逻辑主要是指职业学校为谋求自身发展，在政策执行、经费获取、社会影响力提升、办学自主权扩大等方面寻求利益最大化的过程，具有公益性；企业的行为逻辑主要是指企业基于成本和收益的考量，在税收优惠、资源获取、战略发展等方面谋求利益最大化的过程，具有逐利性。因此，为进一步提升校企合作的质量，政府作为主导者，应从单维制度逻辑向多重制度逻辑转变，充分发挥制度在协调各方利益、优化行为主体行动等方面的重要作用。

其一，化解不同制度逻辑之间的冲突和矛盾，建立有利于校企合作有效推进和持续激励的制度逻辑。明晰的校企合作产权制度是校企双方开展合作的基本制度保障。正如研究者所指出的，对于以市场为导向的校企合作而言，清晰的产权界定是开展合作的前提和基础。只有产权清晰界定，明确双方权责利关系，才能在校企合作的执行过程中正确处理校企双方的权利边界问题，规范利益双方的合作行为，使外部收益内部化。职业学校仅有经营权而没有所有权，其解决之道应该是政府与职业学校订立契约，授予职业学校在校企合作中的相应权利，并以股份制的形式建立产权清晰、责权明确的政校关系。

其二，推进多重制度逻辑的演进，在政府主导下逐步推动主体行为创新。政府作为职业教育治理的主导者，应进一步完善相关法律法规的可操作性，规范校企双方的职责，协调校企双方的利益诉求，引导职业学校和企业形成互利共赢、长期稳定的合作关系。与此同时，政府还应逐步弱化行政权力，以目标管理、质量监督的方式实现对校企合作的间接管理。

其三，建立协同创新机构，以实现对多重制度逻辑的有效管理。目前我国没有专门的机构来负责职业教育领域的校企合作事宜，而主要依赖于相关部委和行业协会的指导和说明。就校企合作这一长期战略而言，应尽快在地市级以上政府成立负责校企合作管理、决策、咨询和服务的专门机构，用以整合各种资源，落实各类优惠政策，进而形成长期稳定的校企合作关系，并有效提升职业教育治理水平，提升职业教育人才培养质量。

总之，我国政府引导企业参与职业教育治理，必须尽快完善相关法律法规和落实相关优惠政策，只有在法律框架的规制和优惠政策的引导下，才能真正激发企业参与和投入职业教育的动力，进而增强职业教育的办学活力和提升职业教育的吸引力。与此同时，政府应积极为企业和非营利组织"协动"供给职业教育而搭建平台，提供更多的"协动"项目，以此提高企业参与职业教育治理的积极性。

第三节　探索新的职业教育供给模式

如前所述，我国职业教育只有遵循政府主导的职业教育治理逻辑，实施政府主导的"多元共治"模式，才能真正实现职业教育治理体系和治理能力现代化的目标。政府有效供给职业教育，应主动寻求与社会力量的合作，形成长效的合作机制，探索新的职业教育供给模式，进而促进职业教育资源整合，促成多元主体间的协作和互补，从而助推职业教育治理体系和治理能力现代化。

一、寻求与市场力量的合作

伯顿·克拉克提出的"三角协调"理论为分析职业教育治理主体之间的互动关系奠定了较好的理论基础。根据该理论的分析维度，职业教育的发展主要受政府权力、市场力量和职业学校（学术权威）三种势力整合的影响，现实中的三种力量在不同时空背景下的张力形成了不同的职业教育治理模式。从当前我国职业教育治理的现实表征来看，政府、市场、职业学校的三角关系主要是通过政府构建的，市场力量似乎从来没有主动介入的意愿和传统。甚至可以说，我国职业教育治理主体关系近乎是仅由政府与职业学校两个主体形成的附属关系，而市场因素成为三角关系中最为薄弱的因素，对职业教育治理几乎没有影响。

对于处在特殊制度框架和发展阶段的我国职业教育来说，要实现政府、市场力量和职业学校的完全和谐与均衡是很难的。在职业教育改革与发展过程中，政府不仅集设计、管理、监管和评价等多重角色于一身，而且提供强大而又稳定的资金支持。这是我国职业教育治理的优越之处，它能在很大程度上保证诸多职业教育问题的有效解决，减少职业教育发展中可能遇到的风险。其进一步的结果是，在政府与职业学校"亲密互动"的同时，市场力量推动职业学校发展的可能性空间被最大化地挤占。

那么，如何解决这一问题呢？以哈里·德波尔为代表的德国学者们提出的"治理均衡器"理论对完善我国职业教育治理结构应该具有启迪价值。该理论假定："社会领域的治理结构是由国家规制、利益相关者引导、竞争机制、学术自治、管理自治五个维度在某个时间点以某种具体方式组合而成的。在均衡器模型中，这五个治理维度相互独立并且可以被任意调节。"这种糅合了管理主义、市场竞争和社会问责等新公共管理要素的理论框架，对于探究不同治理机制之间的动态关系具有较强的指导意义。

根据"治理均衡器"的假定，在职业教育治理过程中，国家规制主要是指各层级政府制定的用来指导、调节职业教育发展的指令性规章制度；利益相关者引导主要是指政府作为治理权威和重要的利益相关者，通过为各方行动者设定目标和提供建议来引导和规范职业教育发展；竞争机制主要是指职业学校内部及职业学校之间为争取稀缺资源而展开的相互竞争关系；学术自治主要是指职业学校教师群体作为专业共同体，为职业学校及其自身发展争取利益，如在招生规模、专业设置、教师职务评聘甚至教学内容确定等方面争取更多的自主权，并使其制度化；管理自治主要是指职业学校管理层对经费支出、教师聘任和绩效考核等方面的自由裁量权，能够自主地处理学校内部的各种复杂事务。在这种新公共管理的改革思路下，政府应以管理者和参与者的双重身份来着手协调不同治理机制之间的动态关系。

其一，发挥国家规制的强制和调节作用，将政府与职业学校之间传统的附属关系转变为以结果为导向的契约关系。政府教育主管部门与职业学校签订绩效协议，通过实行更具弹性和灵活性的目标管理来实现对职业学校的间接管理，将有利于提高职业学校的主动性和积极性。这一契约关系不仅有助于职业学校独立面对市场竞争，逐步建立完善的法人制度，而且有助于提高职业学校的学术自治和管理自治能力。这是实现职业教育均衡治理的首要环节。

其二，建立问责机制，实现职业教育利益相关者间的均衡治理。荷兰学者马克·波文斯曾鲜明地指出："问责是问责主体与问责客体之间的关系，其中问责客体有义务就其行为进行解释和证明，问责主体可以提出问题和作出判断，问责客体要承担相应的后果。"问责机制的惩戒与威慑作用是政府主导职业教育治理的重要抓手，有助于政府通过间接管理协调各利益主体的利益关系，进而建立均衡治理机制。在问责、效率与质量的压力下，只有外部利益相关者有了客观评价标准，他们才会更加积极地承担起自身的责任，充分发挥自身对于职业教育治理和发展的应有作用。

其三，政府主导形塑"平衡器"。政府作为主导者，应主动形塑不同治理机制之间的"平衡器"，平衡各个治理机制之间的关系，有效规避某一维度被过度强化或削弱的现象，从而达到均衡治理的目标。譬如，在职业学校的学术自治相对较弱时，政府可根据职业学校的合理诉求，下放部分专业设置和调整权、人事管理权和收入分配权等办学自主权，以提升学术自治的权重。又如，当竞争机制弱化时，政府应根据职业学校发展的现实需要，在绩效问责、竞争性拨款等方面主动地引入市场化的竞争机制，在鼓励差异化的

同时提升政府对公共教育资源的配置效率。❶

二、实施职业教育供给的PPP模式

PPP模式，即公共部门与私人部门的合作，也可称为公私合作伙伴关系。20世纪70年代，美英等国家为解决经济萧条情况下的财政资金不足问题，积极引入私人部门参与公共项目的建设运营，同时将PPP模式运用于公共政策领域，并且为规范和推进该模式的发展而出台了一系列政策，极大地促进了公私合作伙伴关系的发展。当前，各国政府在公共医疗、污水处理、教育、燃气等公共服务领域广泛尝试PPP模式，表明该模式为一种既有效又可行的运作模式。

联合国发展计划署指出，PPP是指政府、营利性企业和非营利组织基于某个项目而形成的相互合作关系的形式。通过这种合作形式，合作各方可达到比预期单独行动更有利的结果。合作各方参与某个项目时，政府并不是把项目的责任全部转移给私营部门，而是参与合作的各方共同承担责任和融资风险。对此，萨瓦斯有过更具体的解释，即PPP模式是指公共部门和私营部门共同参与生产和提供物品和服务的任何安排。合同承包、特许经营、补助等都符合这一定义。这种合作关系主要通过一套协议和计划来维持，合作各方共同承担投资风险、责任以及分享回报。从以上对PPP模式的描述中可以发现，PPP模式具有以下三个基本特征：一是突出合作的重要性，合作是前提。合作的主体包括公共部门、企业部门、专业部门和社会公众等，其合作的本质就在于政府及其职能部门利用非政府机构所掌握的资源来提供公共产品或服务。二是强调共同受益，实现共赢。PPP项目一般具有很强的公益性，这意味着项目具有较高的垄断性，能够为非政府机构带来丰厚的利益，有利于吸引非政府机构的积极参与。三是合作各方共同承担风险。在PPP项目的确认和可行性研究阶段确定项目的风险分配方案，并贯穿项目始终，形成令各方满意和有效的风险分配方案。

虽然PPP模式在我国社会经济领域的运行时间较晚，其运行势头却异常高亢。2014年年初，我国政府在部分省市开展名为"政府和社会资本合作"

❶李乐.乡村振兴战略背景下高等职业教育高质量人才培养路径研究与实践[J].教育科学论坛，2024（30）：37-42.

的PPP试点，并于2014年年底由国家发展和改革委员会发布了《关于开展政府和社会资本合作的指导意见》。该意见指出，开展PPP是创新投融资机制的重要举措，对拓宽社会资本投资渠道、促进投资主体多元化、发展混合所有制经济、加快政府职能转变具有重要意义。2015年5月，国务院部署推广政府和社会资本合作模式，以汇聚社会力量增加公共产品和服务供给，并决定在交通、环保、医疗和养老等领域广泛推广。因此，我国政府在公共领域开展PPP项目的战略举措，为职业教育供给提供了一个新的视角。基于对PPP模式的基本特征和职业教育的准公共产品属性的认识，可以将职业教育供给的PPP模式理解为：政府与私人部门之间就职业教育供给而建立一种合作伙伴关系，通过一系列制度安排和协调机制，为社会供给更有效的职业教育产品或服务。具体而言，职业教育供给的PPP模式主要包含三种具体模式，即外包模式、特许经营模式和私有化模式。

第一，职业教育供给的外包模式。该模式主要是指政府与私人部门通过签订合同，将职业学校的基础设施类、职业教育专业培训类、实践实训类以及职业学校管理类等项目，通过模块化外包和整体性外包的方式托付给私人部门（企业或培训机构）完成。外包模式是国际上政府提供公共产品或服务的常用模式。在签约外包中，政府作为公共服务的提供者，将具体管理运营权交给受托方，由政府向受托方付费购买其生产的公共产品或服务。这一模式既可以节省政府的财政支出，又可以提升服务的专业化水平和服务效率。

第二，职业教育供给的特许经营模式。该模式主要是指政府与私人部门通过签订合同，政府授予私人部门一定期限的特许经营权，许可私人部门兴办和经营职业学校，在规定的期限内，私人部门可以通过经营职业学校获取投资回报，待到特许期满，私人部门将职业学校无偿或有偿转交给政府。该模式主要分为两类：移交—运营—移交（TOT）和建设—运营—移交（BOT）。TOT模式实际上就是政府创办好职业学校以后，授予私人部门经营权和管理权，最后再由私人部门移交给政府进行经营和管理；而BOT模式是由私人部门创办职业学校，并经营一段时间后再移交给政府。需要指出的是，虽然PPP模式不完全等同于TOT模式和BOT模式，但三者在本质上是等同的，即都是在政府与私人部门协调机制下形成的有效供给模式，而且从广义上看，PPP模式可以包含TOT模式和BOT模式。

第三，职业教育供给的私有化模式。该模式主要是指政府与私人部门通过签订合同，政府将创办完成的职业学校移交给私人部门经营，并对私人部门的经营进行监督和给予一定的补贴。

以上三种职业教育供给模式，在本质上都是契约化的供给模式，其核心就在于引入市场竞争模式，提高职业教育供给效率和质量，这应该成为我国职业教育供给的明智选择。抛开具体的职业教育供给模式来说，公私合作伙伴关系更是一种新型的职业教育治理范式。PPP模式将私人部门引入职业教育服务领域，无疑会使传统政府的纵向一体化"行政命令关系"转变为政府与多元主体之间的"契约关系"，从而形成政府与市场主体之间互动耦合的多元合作治理机制。在此需要说明的是，职业教育产品供给的PPP模式代表着公私部门为取得共同的成功而承担巨大风险的关系，而不是追求各自利益最大化。它绝不是政府将职业教育简单地推向民营化或私有化，而是政府引导私人部门承担起它应该履行的社会责任，从而降低职业教育运营交易成本，提高职业教育的效能和人才培养的成效。

尽管PPP模式运用于职业教育供给具有多方面优势，但是合作项目运行的整个周期都存在着一定的风险，如合同的制定不够规范、部门之间缺乏协调与沟通以及监督管理机制不够健全而导致私人部门回报率低等。为化解各种风险，政府作为职业教育治理的主导者，应做好以下三个方面的工作。

其一，完善实施公共部门与私人部门合作的制度条件。PPP模式对于职业教育供给而言是一个创新性工具，其运作过程是非常复杂的，因而必须建立完备的合同体系和良好的解决争议的协调机制，以确保其顺利运行。一方面，要从立法的层面建立对私人部门进入职业教育供给的准入制度、监督管理制度、利益分享与补偿制度以及风险分担制度等刚性制度；另一方面，政府部门还应在引导或吸引私人部门参与职业教育供给上给予一定的政策激励和优惠措施，为PPP模式的实施创造良好的制度条件。

其二，成立专业化和独立性的发展促进机构。PPP模式运作将会涉及不同部门之间的协调与沟通，因而成立专业化和独立性的发展促进机构来负责PPP项目运作中的立项、审批、建设、运营、转移、监管、解决争端、考核评估以及推广等具体工作显得尤为必要。我国已经设立了财政部PPP中心协助政府推进PPP项目的开展，形成了多层级的治理结构。也有研究者建议，应结合我国政府行政管理架构的特征，在国务院下设PPP部际协调委员会（PPPIMC），并将财政部PPP中心升格为国家PPP促进中心，以其作为PPPIMC的执行机构及秘书处，负责协调、指导、监督中央及地方PPP项目的开发工作，由此推动政府与社会资本的充分合作。我们还应成立隶属于教育部的专门职业教育PPP项目的发展促进机构，如职业教育PPP项目办公室，以此统筹、协调和指导全国范围内的职业教育PPP项目的开展，提高职业教育供给的PPP模式的效能。

其三，建立规范、系统的监督管理机制以防范风险。职业教育供给的PPP项目的监督管理不同于一般项目的管理，它涉及公共利益和私人部门利益，是在政府和私人部门合作伙伴关系的基础上，为了彼此的利益目标而综合选择的结果。在这一过程中，政府既是履约的一方，又是监管的主体，必须在代表公共利益的同时，保证私人部门获取合理的利润。为此，政府应对职业教育的PPP项目的全周期进行监管。在PPP模式运行中，政府将融资、提供服务、基础设施建设以及运营等过程中的风险，部分或全部转移给了私人部门，并且通过缩短整个项目生命周期来节约成本。而私人部门在与政府的合作过程中也会降低投资风险并获得利润回报。这就意味着，风险转移和资金使用效率是职业教育供给的PPP模式中应该高度关注的焦点问题。因此，合理的风险分配必须遵循一定的原则，即将风险转移或分配给更有控制能力或控制风险成本较低的一方，承担的风险程度与风险回报相匹配，承担的风险要依据承担能力设定上限。

三、与非营利组织合作供给

非营利组织也称"第三部门"或"非政府组织"。它自20世纪中期以后在世界各国逐渐流行起来，虽然其含义在各国的界定中不一，但是其本质都是政府部门与营利性私人部门之间的社会组织，诸如慈善组织、基金会、协会、学会、民办非营利企业、官办社会团体等。不论是非营利组织、第三部门还是非政府组织，它们都超越了"非公即私"或"非私即公"的理论旨趣，只是在不同的语境中各自强调的侧重点有所不同而已。如本书中使用的非营利组织，是为了在职业教育供给问题上区别于政府和营利性私人部门。尽管如此，本书在相关文献的引用上有时也把第三部门、非政府组织在同一含义上予以使用。概括地讲，非营利组织不承担政府组织的政治职能，其决策层和管理层也不应当由政府官员担任或直接控制。但是，这并不是说非营利组织不能让政府组织或政府官员参与其活动，更不意味着非营利组织不能接受政府的支持和资助，而是说非营利组织应当有独立决策权，不为政府所控制。非营利组织的经费来源主要是政府财政拨款、民间捐款和会员缴纳的会费等非营利收入，其作用的领域主要是政府与私人部门无力、无法或无意作为的社会公益性事业，其目的主要是服务社会大众，促进社会稳定与发展。

国际经验证明，随着经济社会的持续发展，非营利组织在从事社会公益性事业方面发挥着越来越重要的作用，特别是在教育、科学、医疗卫生、社会服务等领域以其特有的社会公益性弥补了政府和市场的某些不足或缺陷，在一定程度上满足了人们不同层次、不同方面的要求。正如美国学者彼得斯所指出的那样："政府的改革之道，就是运用它的力量去培育创造出更多的第三部门……顺应这些改革也就成立了所需要的组织结构。剩下的问题就是指导这些组织使之符合社会的价值要求，并且有能力去解决社会问题。"非营利组织与政府、市场组织一起在公共领域扮演着举足轻重的角色，三者之间的相互补充使得人类社会持续稳定的发展成为可能。当今许多国家公共服务领域改革的一个重要切入点就是政府加强与社会的合作，充分发挥非营利组织在募集资金、动员社会参与等方面的优势，使社会力量在市场不愿做、政府做不好的公共服务领域发挥拾遗补阙的重要作用。例如，日本政府于1998年颁布的《特定非营利活动促进法》大大降低了非营利组织的法人准入门槛，并予以税收等方面的优惠，使得非营利组织在推进包括职业教育在内的众多公共领域发展方面发挥着重要的"协动"作用。在我国，尽管政府与非营利组织合作供给公共产品或服务的体制机制还处于探索发展阶段，但政府向非营利组织购买服务已不是新鲜事。例如，2005年，国家乡村振兴局、亚洲开发银行、江西省扶贫办和中国扶贫基金会在北京开展"非政府组织与政府合作实施村级扶贫规划试点项目"，该项目是第一个通过规范程序招标进行的政府购买服务项目，标志着公共服务购买开始进行规范化的试点。

既然非营利组织作为一支现实的社会力量已经无可争议，那么它作为政府和营利性私人部门之外的社会组织，其供给职业教育的必要性和可行性是什么？对于此问题，可以从以下三个方面来理解。

其一，非营利组织以自愿求公益的特征超越了职业教育供给的现实规定性。非营利组织参与职业教育供给应首先具有合法性。为此，我们应厘清非营利组织的"公益法人"角色，这样才能从根本上杜绝举办者个人财产与学校财产出现混淆不清的关系，才能避免或明或暗的以"赢利"为目的的问题。由于法人享有法人财产权而非所有权，实行法人产权制度，并且我国《中华人民共和国民办教育促进法》规定民办学校对举办者投入民办学校的资产、国有资产、受赠的财产以及办学积累，享有法人财产权，所以非营利组织参与公立、民办职业教育供给，在法律上是被认可、被承认和被支持的，这也是其办学的合法性依据。非营利组织以其公益性、非营利性、组织性等特征，超越了政府部门与营利性私人部门的现实规定性，在职业教育供给问题上可以承担重要的社会责任。

其二，市场、政府在职业教育供给中的失灵现象，为非营利组织参与职业教育供给提供了现实依据。经济学理论认为，市场经济在经济资源配置等方面具有天然的优势，能通过个体理性最大化的追求实现整个社会向前发展。由于个体都是理性人，容易造成消费的"搭便车"现象，导致许多公共事业无人问津，特别是公共产品常常出现供给不足问题，即出现市场失灵现象。就职业教育供给而言，依靠市场机制或个别消费者与生产者之间的交易来供给，是无法实现的。这就为政府介入职业教育供给提供了充分的理由。

其三，非营利组织能最大限度地满足不同层次的人对职业教育的需求。毋庸置疑，受教育者接受职业教育的期望和要求不可能一模一样，有的人认为，有必要接受3年及以上的系统的技术技能训练才能成为合格的劳动者；有的人认为，接受短期的技术技能培训就足矣。不仅如此，由于个体的经济水平、文化背景、个人兴趣和天赋等差异，受教育者在对职业教育教学内容的安排上也存在意见分歧。在此情况下，政府针对大多数人的需要，或者说，政府倾向于中位选民的偏好的做法，就无法满足小部分人的特殊需要或大多数人的超额需要。因此，政府在通过PPP模式供给职业教育以满足大多数人的需要的同时，还要大力发展非营利组织供给模式，以及时有效地供给和满足不断增长的多样化的需要，从而在根本上解决职业教育供给不足的问题。

　　总之，非营利组织供给职业教育既是必要的，又是可行的。那么，非营利组织如何供给职业教育产品或服务呢？非营利组织的运转遵循"自愿、非营利"的原则，它所从事的领域也是政府和营利性私人部门"不愿做、做不好或不常做"的领域。非营利组织在职业教育供给选择上，要么在一定的范围内通过自愿合作的方式来提供职业教育；要么争取政府的政策和资金支持，即通过加强与政府的合作来提供职业教育。

　　一方面，在职业教育的很多领域，非营利组织都可以通过自愿合作的方式供给职业教育产品或服务。例如，随着我国城市化进程的加速，农民工子女、青年农民工的教育问题成为突出的社会问题。出于家庭经济贫困、城市入学政策以及受教育背景的差异等原因，农民工子女、青年农民工等弱势群体接受学历职业教育或职业教育培训的机会受阻。非营利组织可以通过与社区、家庭联合的方式，资助这些弱势群体获得同等的受教育机会。又如，非营利组织可通过与企业合作的方式介入职业教育。非营利组织在募集资金的过程中，应积极寻求与国内外知名企业的合作，主动搭建企业与职业学校合作的"桥梁"。同时，非营利组织在与国际非营利组织合作的过程中，也可以吸收国外资源（如资金、企业）开展各种职业教育项目。

　　另一方面，非营利组织可以通过与政府的合作来供给职业教育，即政府通过订立服务合同的方式，将职业教育的供给权委托给非营利组织，这样政府与非营利组织就形成了委托-代理关系。委托-代理理论是契约理论最重要的发展之一，该理论的分析逻辑就是委托人为了实现自身效用最大化，将其所拥有（控制）资源的某些决策权授予代理人，并要求代理人提供有利于委托人利益的服务或行为。依此理论，政府与非营利组织之间的委托-代理关系就是政府为实现职业教育产品或服务的效用最大化，将供给职业教育的任务委托给非营利组织来承担。譬如，在达成委托-代理关系的情况下，政府负责筹集资金，非营利组织负责提供职业教育产品或服务，以此满足需求较高的人的额外需要，满足需求特殊的人的特别需要。在此过程中，政府和非营利组织可以发挥各自的优势，不仅能够提高职业教育资源使用效率，而且能够满足公众对职业教育的差异化和多样化的需要。

　　综上所述，我国职业教育供给模式可以由传统的政府供给占主导地位的供给模式转向政府、营利性私人部门、非营利组织三者之间的协作与互补的供给模式，形成多元共治的空间架构，这能在一定程度上为我国职业教育供给提供新的改革思路。需要特别指出的是，职业教育的多元供给模式绝不是单纯地化解相对单一的政府供给模式的临时性、急救性措施，而是贯穿职业教育治理全过程的一种基本供给模式，是实现职业教育治理体系和治理能力现代化的重要举措。